Essig Sinnlichkeit & Leidenschaft

Georg Heinrich Wiedemann

Essig
Sinnlichkeit & Leidenschaft

Inhalt

Der Doktorenhof   6

Die „Essig-Zauber-Köche"   28

Wellness-Essig für Körper und Seele   118

Alles was die Sinne beflügelt 8 Die Mönche im Doktorenhof 10
Essig einst und heute 12 Die Heilige Hildegard von Bingen 15
Essig in der Küche 16 Essig als Aphrodisiakum 18
Ginseng – Die Wurzel Asiens 20 Küchenkräuter in Essig 22
Knoblauch-Sauce mit Heilpflanzenessig 24 Der Hochzeits Balsam 25
Giacomo Casanova 26

Restaurant „Admiral", Alexander Hundt 30 Restaurant Becker´s Gut, Harry Becker 38 Restaurant und Hotel „Freinsheimer Hof", Holger Jacobs 46 „Schlossrestaurant", Wolf J. Schönmehl 54 Restaurant „Isenhof", Peter Steverding 62 Hotel-Restaurant „Zum Lamm", Manfred Kreger 70 Restaurant „Beat Lutz", Beat Lutz 78 Landgasthof-Hotel „Zum Ochsen", Thomas Engel 86 Hotel-Restaurant „Sonnenhof", Matthias Goldberg 94 Hotel-Restaurant „Waldhaus Wilhelm", Günter Wilhelm 102 Café Confiserie Sixt, Christoph Vogel 110

Gesund durch Essig 120 Der Bade-Heilessig 124
Der Heilpflanzenessig 126 Der Inhalationsessig 128
Das Kraut des heiligen Damian 130
Das Essig-Horoskop 132 Register der verschiedenen Essigsorten 136
Register der verschiedenen Essigrezepte 138

Traditionelle, reife Weine werden in alten Eichenfässern ausgebaut.

Der Doktorenhof

Im Weinessiggut Doktorenhof entstehen aus hochwertigen Rebsorten nach dem Sherry-Prinzip exklusive Essige. Der passionierte Winzer Georg Heinrich Wiedemann entdeckte vor vielen Jahren beim Studium der Essig-Geschichte in alten Schriften, wie wertvoll das saure Elexier seit jeher für die Menschheit war.

Der Doktorenhof

Alles, was die Sinne beflügelt

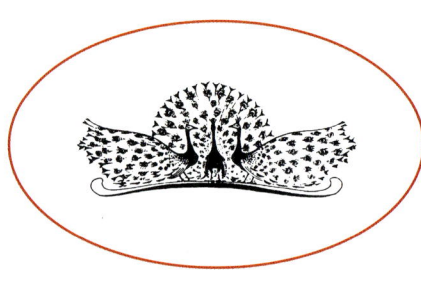

Im Doktorenhof ist sicherlich alles Essig! Aus dem sorgsam hergestellten Ausgangsprodukt wird eine Vielzahl an Gaumenschmeichlern kreiert. Mit den traditionellen Rebsorten wie Spät-, Weißburgunder, Gewürztraminer und Silvaner, bewirtschaftet nach den Gesichtspunkten naturnahen Anbaus, werden schöne, reife Grundweine für die späteren Essige erzielt. Diese Weine werden in alten Eichenfässern ausgebaut, in denen sie auch ihrer optimalen Reife entgegensehen. Vom Anbau über die Lese bis zur endgültigen „Essigwerdung" geschieht alles in Handarbeit. Die Weine reifen nach dem Sherryprinzip. Leichte Oxidationstöne garantieren die volle Entfaltung der Aroma- und Bukettstoffe. Nach der Lagerung begeben sich die Grundweine auf die Reise ins „Allerheiligste der Essig-Stube". Dies ist eine warme Stube, gefüllt mit alt-ehrwürdigen Eichenfässern, wohl temperiert und immer bodenfeucht gehalten. Gut gelüftet und doch nicht zugig. „Eine Stube zum Wohlfühlen" für die Essigbakterien, die hier auf Weinnachschub warten. Hier liegen sie Fass an Fass, enthauptet in Reih und Glied. Abgedeckt mit einem Gazétuch, befüllt mit Wein und den gutseigenen Essigbakterien.

Hier geschieht das eigentliche Essigmysterium. Die Bakterien fressen den Alkohol und scheiden Essig-Säure aus. Dabei entstehen Wärme und Düfte. Wärme, die behaglich ist und Düfte, die die Lunge erfreuen (und auch eine heilsame Wirkung erzielen). Die edlen Essenzen aus Trockenbeerenauslesen und Eisweinen gären hier bis zu 2 Jahre lang. Das – etwas normalere – Essigvolk gastiert hier cirka 6 Monate. Danach geht die Reise in den Vorratskeller.
Kleine Barriquefässer, wie Kanonen aufgereiht, geben dem frischen Essig die notwendige Zeit zum Reifen. Eichenholztöne werden extrahiert und geben dem Essig die geschmackliche Abrundung. Die Essige werden ständiger, sensorischer Prüfung unterzogen.
Ist die Geburt gelungen, geht es ab in die Flasche. Auch hier – per Hand: füllen, verkorken, binden, wachsen. Für die edelsten Essigkompositionen werden natürlich mundgeblasene Flaschen verwendet, die im Doktorenhof eigens dafür entworfen werden, Unikate für das Auge und die edlen Tropfen.
Auch die Etiketten der Essigflaschen werden im Doktorenhof selbst kreiert und vermitteln durch Farbe und Kreativität die Beziehung der Essigmacher zu ihrer Arbeit.
Großformatige, mit Essig gemalte Bilder, die die Motive der Etiketten wiedererkennen lassen, zieren die Wände im Doktorenhof. Sie sind vom Meister selbst kreiert.

Der Doktorenhof

Die „Mönche" im Doktorenhof …

Eine Reise in die Pfalz und ein Besuch des Doktorenhofs lohnen sich auf jeden Fall. Daher sollte man nicht versäumen, die „Essig-Stube" zu besichtigen.

Dazu muss man zunächst eine Essig-Robe anziehen. Diese Essig-Robe ist eine Nachbildung von alten Pestillenz-Roben, welche die Pestillenz-Ärzte bis ins frühe 19. Jahrhundert trugen. Diese langen, schwarzen Roben mit Kapuzen sollten vor den Pest-Erregern schützen. Dazu trugen sie noch eine Gesichtsmaske mit einer langen Nase. Darin waren Leintücher mit verschiedenen Blüten in Essig

getränkt. Dadurch atmeten sie den schützenden Duft von Essig und Heilblüten ein und waren vor den Pestillenzbakterien geschützt. In den Krankenräumen wurden daher auch die infizierten Menschen wie bei einem Sauna-Aufguß mittels eines großen Topfes Essig, der auf einem Ofen verdampfte, gereinigt. Somit bestand in der damaligen Zeit zumindest die Gewissheit, dass die Bakterien bekämpft wurden.

Die für den Doktorenhof eigens nachgeschneiderten Roben geben Ihnen bei einem Besuch der im Kerzenlicht getauchten Essig-Stube ein nostalgisches Gefühl und machen die Reise zu einem unvergessenem Erlebnis. Die historischen Erzählungen und Anekdoten des Essig-Meisters runden dieses Erlebnis ab.

Der Doktorenhof

Essig einst und heute

Man vergisst in einer aus Schnelligkeit und Eile geprägten Zeit oft, dass es elementare Vorgänge auf der Erde gibt, die seit Urzeiten unverändert existieren.

Dazu gehört zweifelsohne auch der Essig beziehungsweise die Essig-Bakterien. Die Welt ist voll von ihnen. Überall wo wir uns bewegen, ist die Luft geschwängert. Da diese Bakterien manche Nahrungsmittel nach gewisser Zeit zum Gären bringen, war es unausbleiblich, dass der Mensch damit Bekanntschaft machte, spätestens als er mit der Vorratshaltung begann.

Der Mensch, der als „Jäger und Sammler" vielleicht Beeren von seiner Tour durch Wald und Flur mitgebracht hatte, diese in Behältern aufbewahrte und dann vergaß, stellte eines Tages einen seltsamen Geruch fest. Damit hatte er die erste Erfahrung mit Essig gemacht.

Heute weiss man, dass bereits der griechische Gelehrte Hippokrates über Anwendungen des Essig bei Atemwegserkrankungen und Verdauungsbeschwerden berichtete. Im alten China, mehrere Jahrhunderte vor Christus, war die Herstellung von Essig ebenso bekannt. Wie auch noch in späteren Epochen, teilten die chinesischen Köche Lebensmittel in 4 unentbehrliche Geschmacksarten auf: „süß, salzig, bitter und sauer".

Bereits im 17. Jahrhundert konservierten die Japaner rohen Fisch in Essig-Reis, die Vorstufe der heutigen „Sushi". Auch viele Hochkulturen des Altertums wie Ägypter, Perser, Römer, Griechen und Babyloner stellten bereits Essig selber her. Die römischen Legionäre hatten ein Gemisch von Wasser und Essig in ihren Feldflaschen, das sie „Posca" nannten. Es sollte als Erfrischung dienen und das Immunsystem stärken. Ein mit „Posca" getränkter Schwamm wurde auch Jesus am Kreuze gereicht. Im Mittelalter schließlich wurden Mixturen aus Kräuteressig als wirksames Mittel gegen Hexen eingesetzt oder auch, um schlechte Laune zu vertreiben.

Der Doktorenhof

Eingelegter Kaninchenrücken in Vierräuber Balsam Essig Sauce

Vorbereitung

Marinierzeit : 24 Std.
Vorbereitungszeit : ca. 15 Min.
Garzeit : ca. 50 Min.

Zutaten für 4 Personen

2 Kaninchenrücken mit
Bauchlappen,
Leber und Nieren,
200 ml Vierräuber Balsam Essig,
60 g Putenbrust,
60 g Crème Double,
Salz, Pfeffer aus der Mühle,
60 g Gemüsebrunoise
(Würfelchen von Lauch, Sellerie,
Möhre, Schalotten),
2 Korianderzweige,
200 g Röstgemüse (Sellerie,
Möhre, Lauch, Schalotten),
Öl zum Braten,
100 ml Rotwein,
400 ml Kalbsfond (Glas),
2 Rosmarinzweige,
4 El Rosmarinessig

Zubereitung

Die Kaninchenrücken auslösen, den Bauchlappen dranlassen. Von den Knochen die kleinen Filets ausbeinen, für die Farce reservieren. Den Rücken über Nacht in den Vierräuber Essig einlegen. Die Filets und die Putenbrust klein hacken/schneiden und in der Moulinette (oder einem Mixer mit Schnetzelmesser) aufkuttern, gegen Ende die Crème Double einlaufen lassen und eine homogene Farce herstellen. Mit Salz und Pfeffer würzen. Die Brunoise blanchieren und mit dem Vierräuberessig marinieren.

In die Farce geben. Den Koriander hacken und zur Farce geben. Die restlichen Kaninchenknochen hacken und im heissen Öl scharf anbraten. Das Röstgemüse klein würfeln und zu den Knochen geben. Mit dem Rotwein ablöschen, einkochen.

Mit dem Kalbsfond auffüllen, den Rosmarin zugeben und ca. 45 Minuten köcheln lassen. Durch ein feines Sieb passieren und mit dem Essig nochmals einkochen lassen. Die Kaninchenrücken abtrocknen und mit der Farce bestreichen.

Leber und Nieren in Würfelchen schneiden bzw. halbieren und auf die Kaninchenrücken legen. Mit den Bauchlappen verschließen.

Das Ganze zuerst in Klarsichtfolie, dann in Aluminiumfolie einrollen.

Fest zukneifen. Im Wasserbad bei etwa 78° C ca. 20 Min. garen. Auskühlen lassen, aus den Folien wickeln und in Scheiben schneiden. Auf Tellern anrichten, die Sauce angießen, mit einem Büschel Feldsalat oder Mischsalat ausgarnieren.

Die Heilige Hildegard von Bingen

Die Erkenntnisse über Essig, die von vielen Heilkundigen überliefert worden sind, haben vielfach noch heute Bestand. Unübersehbar sind hierbei die Lehren der Heiligen Hildegard von Bingen, die 1098, vor über 900 Jahren also, auf einem Gutshof in Bermersheim bei Alzey, im Bistum Mainz, geboren wurde.

Mit sechzehn Jahren wurde Hildegard Nonne im Benediktinerinnen-Kloster. Von ihrem 35. Lebensjahr an leitete sie das Kloster als Äbtissin bis zu ihrem Tod 1179. In einer Biografie, die von glaubwürdigen Augenzeugen verfasst wurde, steht, dass ihr „die Gabe des dritten Gesichts" verliehen worden wäre. Aus diesen Visionen stammt auch das Medizinbuch Hildegards (1151–1158), in dem sie auch ihre Küchengeheimnisse schilderte.

In diesem Buch über „Küchengeheimnisse" findet man keine besonderen Kochrezepte, sondern Erkenntnisse über die Nahrungsmittel an sich. Im Kapitel „Essig, Salz und Saures" schreibt sie:

„Weinessig taugt zu allen Speisen, und zwar dann, wenn er den Gerichten solcherart beigegeben wird, dass er ihnen nicht den Geschmack nimmt, sondern man bei ihnen nur ganz wenig Essigzusatz merkt. Auf solche Weise mit etwas Nahrung eingenommen, reinigt er das Stinkende (Blähungen und Gase) im Menschen und reduziert in ihm die (schlechten) Säfte und sorgt bei ihm dafür, dass sein Essen den rechten (Verdauungs-)Weg geht."

Der Doktorenhof

Essig in der Küche

Essig enthält in seiner Naturform zahlreiche Vitamine und Mineralien, dazu etwas Eiweiß und Kohlenhydrate.

Gibt man einem ganz gewöhnlichen Gericht einen moderaten Schuss Essig hinzu, schmeckt man sofort heraus, dass sich durch diese Beigabe die Geschmacksstoffe der einzelnen Nahrungsmittel viel intensiver offenbaren.

Natürlich soll man nun nicht jedem Gericht einen deutlich schmeckbaren Touch nach Essig verleihen. Vielmehr ist Fingerspitzengefühl angesagt, um die Vorteile einer Essigbeigabe zu nutzen. Die Möglichkeiten reichen vom leichten Untermalen des Geschmacks bis hin zum betonenden Aromatisieren eines „essigtypischen" Gerichts.

Einige Gründe, weshalb die Essigflasche(n) in der Küche nicht allzu weit weg stehen sollte(n):
Die Säure im Essig macht die Muskelfasern weich und das Fleisch dadurch zarter.
Gleiches trifft auf Fisch, Meeresfrüchte, Früchte und Gemüse zu.
Durch eine Essigbeigabe kann der menschliche Körper die faserige Zellulose, die in vielen Gemüsen vorkommt, besser verarbeiten (z.B. Kohlsorten, Spinat, Salate).
Linsen-/oder Bohnensuppe wird mit einem Schuss Essig verfeinert.
Der Salzgehalt des Nudel-/Kartoffel-/oder Bohnensalates wird durch die Zugabe eines Kräuteressigs reduziert.
Aber auch gerade in den Monaten, in denen uns die Natur mit frischen Früchten und Gemüsen versorgt, kann etwas Wissen rund um die saure Flüssigkeit viel nützen. In Essig eingelegte und damit konservierte Früchte und Gemüse haben den schmackhaften Vorteil, dass man durch die Verwendung verschiedener Essige interessante Geschmacksnuancen erzielen kann.

Der Doktorenhof

Essig als Aphrodisiakum

Seit Alters her gibt es in jeder Kultur bestimmte Mittel, die die Liebesbereitschaft und den Liebesgenuß steigern sollen. Man kennt zum Beispiel die unsägliche Jagd nach den Stoßzähnen der Elefanten, die gemahlen eingenommen der Potentzsteigerung dienen sollen. Pülverchen, Säfte, Kräuter, ja auch Innereien von den exotischsten und leider auch seltensten Lebewesen, werden verarbeitet und als Geheimmittel angeboten. Oft für sehr viel Geld.

Seit Alters her wird allerdings auch Essig verwendet, um die körpereigenen Säfte zu animieren. Essig galt schon immer als sehr wohlgefälliges Aphrodisiakum, denn der Körper wird durch den

Liebes-Cocktail "Orange Comfort"

Zutaten
1 cl Southern Comfort,
1 cl Anisette,
1,5 cl Orangensaft
(frisch gepresst),
1 cl Orangenblütenessig
1 Scheibe Cocktailorange

Zubereitung
Zutaten gut mit Eis schütteln und in ein vorgekühltes Cocktailglas abseihen. Mit Orangenscheibe garnieren.

Essig wach, das Blut bekommt durch die Säure einen besseren Durchfluß. Testoterone und Östrogene werden positiv in ihrer Entwicklung und Verteilung beeinflußt. Eine gute Durchblutung des Körpers ist, neben der Geisteshaltung, eigentlich das einzige Geheimnis der sexuellen Leistungsfähigkeit.

Natürlich spielen auch im Essig vom Doktorenhof ein paar Kräuterlein eine Rolle. Sie geben ihren eigenen Geschmack und ihren eigenen Duft an den Essig ab. Diese „Liebeskräuter" haben Inhaltsstoffe, die sich positiv auf das Liebesverlangen und körperliche Wohlbefinden auswirken.

Der Doktorenhof

Ginseng – Die Wurzel Asiens...

Der Ginsengwurzel spricht man seit Urzeiten wahre Wunderwirkung zu. Von ganzheitlicher Erquickung des Körpers über Linderung von Altersbeschwerden bis hin zum seelischen Ausgleich bei regelmäßiger Einnahme wird berichtet.

Die Ginsengwurzeln für die Essige vom Doktorenhof kommen aus Asien. Hier, so heißt es, sind die besten Ginsengwurzeln zu haben. Ginsengwurzeln aus Korea ... Lange, schwarze Schoten, die einer getrockneten Stangenbohne gleichen.

Sie werden verkauft von Marktständen und Apotheken.

Ein Kuriositätenkabinett von allem, was die chinesische Heilkunst an Kräutern und Utensilien bietet: von allerlei wohlduftenden Blüten zu getrockneten Fischen, Krustentieren, Kräutern, Gewürzen bis hin zu pulverisierten Hörnern und Hoden exotischer Tiere. Und dies alles auf engstem Raum versammelt. Im Halbdunkel eines Hinterhofes. Aufbewahrt und feilgeboten in Schächtelchen, Schubladen, Bambuskörbchen jeder Größe, von der Decke hängend oder im Verborgenen gelagert.

Und die alles überlagernden Düfte der Schätze Asiens ...

Ein Parfümeur Alter Schule würde sich hier in diesem kleinen Refugium wie im Himmelreich der Düfte vorkommen. Fremde Düfte, geheimnisvolle Düfte.

Der Doktorenhof

Küchenkräuter in Essig

Viele kennen die herrlichen Kräuter, die traditionell in Italien als Pesto in Öl mit Pinienkernen und Salz eingemacht werden. Eine weitere Doktorenhof Variante zum Einlegen von frischen Kräutern lautet folgendermaßen:

Verwenden Sie nur frische, reife Kräuter, die Sie in Ihrem Garten (oder auch auf dem Balkon) selbst aufgezogen haben oder auf dem Markt oder aber beim Kräuterbauern erwerben können.

Dazu gehören: Salbei, Estragon, Ruccola, Thymian, Rosmarin, Borretsch, Petersilie, Koriander, Selleriekraut, Quendel, Bärlauch, Liebstöckel, Brennessel, Melisse, Gundermann, Estragon, Schalottenkraut, Ysop und viele weitere Kräuter, die heute noch zur Verfügung stehen.

Putzen, waschen und alles gut abtropfen lassen und einem Messer oder der Küchenmaschine fein zerkleinern. Kräftig salzen und in kleine Gläschen einfüllen. Mit einem kräftigen Essig aufgießen, bis der Essig die Kräuter gut bedeckt und fest verschließen.

Nachstehend einige der alten Kräuter, die früher auch unser Essen aromatisch gestaltet haben und die doch leider immer mehr durch Salz und Pfeffer ersetzt werden:

Basilikum oder auch Königsbalsam genannt,
Bohnenkraut oder auch Pfefferkraut, Weinkraut genannt,
Echter Majoran,
Melisse oder auch Bienenkraut genannt,
Zitronenkraut,
Gartenthymian,
Quendel oder Bergthymian genannt,
Anis, Dill, Fenchel, Kerbel, Koriander, Kümmel, Liebstöckel, Petersilie, Sellerie, Lauch, Schnittlauch, Wacholder, Bibernell, Eisenkraut, Weinraute, Kapuzinerkresse, Bockshornklee, Löffelkraut, Meerrettich, Senfkörner, Borretsch, Lavendel, Pfefferminze, Ysop, Rauke, Salbei, Kamille, Beifuß, Kalmus, Kerbel.

Damit haben Sie stets frische, grüne und sehr aromatische Würzzutaten, die zum Salat, zu Saucen, wie auch zu Suppen und als Beigabe an Käse, Pasteten oder als Garnitur verwendet werden können.

In alten Kochbüchern und Rezepturen unserer Großeltern waren viel mehr frische Viktualien zu finden, und es wurden kaum Zuckerstoffe und künstliche Aromen verwendet.

Der Doktorenhof

Knoblauch-Sauce mit Heilpflanzenessig

Diese sehr aromatische Sauce schmeckt am besten zu kurzgebratenem Fleisch oder auch pur zu neuen Pellkartoffen.

Opas Knoblauch-Soße

Zutaten

*15-20 Knoblauchzehen
(je nach Größe und Gusto),
10 Schalotten,
3 El Heilpflanzen Essig,
0,5l trockener Weißwein,
Estragon, Basilikum,
Selleriekraut,
1 Hühnerleber,
200g frischer Speck,
2 Eigelb,
Pfeffermühle, Salz,
0,25l Fleischbrühe*

Zubereitung

Die Knoblauchzehen und die Schalotten fein zerkleinern. Estragon, Basilikum und Selleriekraut fein hacken. Wein, Essig, Kräuter, Knoblauch und Schalotten bei milder Hitze einkochen lassen, bis die Flüssigkeit bis zur Hälfte reduziert ist. Alles durch ein Sieb streichen.

Die Leber und den Speck fein zermahlen und zur Sauce geben. Die Fleischbrühe zugeben und nochmals ca. 30 Minuten köcheln lassen. Eigelb verquirlen, die Sauce damit binden und mit Salz und Pfeffer abschmecken.

Der Hochzeits-Balsam

Der Doktorenhofessig Hochzeits-Balsam ist aus der Historie nachempfunden, um ganz einfach eine alte bäuerliche Tradition des Essigtrinkens wiederzubeleben und vielleicht auch einer Hochzeitsfeier einige neue Akzente zu geben.

Der Aceto Balsamico ist der wohl bekannteste und populärste Essig in Europa. Der echte Aceto wird aus Trebbiano-Traubenmost gekocht, mit Essigbakterien und Weinhefebakterien bereichert, damit sich nach der Alkoholischen Gärung die Essiggärung aufbauen kann.

Früher hat man den Aceto Balsamico weniger für Salate oder zur Speisenbereitung, sondern als Ritual bei einer Hochzeit benutzt, indem man dem jungen Paar ein kleines Fässchen Balsamico auf seinen Lebensweg mitgegeben hat. So wie die Ehe reift, so solle auch der Essig reifen.

Der Hochzeits-Balsam lehnt an diese alte Tradition an und ist wie zu damaliger Zeit ein mit Hyazinthen kreierter Essig.

Er schmeckt mit seinem leicht rosenartigen Duft wunderbar zu einzelnen Speisen. In kleinen Schlückchen genossen wirkt er äußerst anregend.

Der Doktorenhof

Giacomo Casanova – Acetum romanticum …

Dieser Essig ist eine Hommage an den wohl berühmtesten Verführer des Rokkoko und eine Ode an die Zeit überschwenglicher Genüsse und Freuden in den Herrscherhäusern.

„ … nach dem kleinen Nachtmahl machte die Liebe mit uns, was sie wollte …"

Wer kennt sie nicht, die schönen Worte des venezianischen Galans. Die erfrischend, erotischen Geschichten um den Mann, den noch heute viele unserer männlichen Zeitgenossen bewundern. Den Liebhaber der Reichen und Charmeur der schönen und willigen Damen seiner Zeit. Geboren wurde er in Venedig am 2. April 1725 als Sohn eines Schauspielers.
Er liebte das Leben und die kulinarischen Freuden ebenso wie die Freuden des Fleisches. Vieles hat er uns in seinen Romanen und Gedichten hinterlassen, darunter herrliche Kochrezepte und Kreationen feinster Speisen.
Speisen, geniessen und das höfische Umgarnen der Auserwählten waren für Casanova wichtigster Teil seines Lebens, reisen – eine notwendige Tortur für den Lebemann. Sein Weg führte ihn quer durch Europa – von Herrscherhaus zu Herrscherhaus, von Abend-

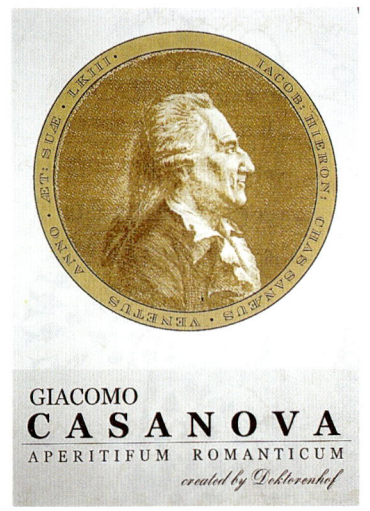

gesellschaft zu Abendgesellschaft, von Verführung zu Verführung. Und dies alles per Postkutsche, was er nur leidlich genoß. Immer auf der Suche nach neuen persönlichen Erlebnissen.

In Potsdam im Schloß Sans-Souci bemerkte er: „... das Souper wurde in geordneter Folge, immer zwei Gänge gleichzeitig, aufgetragen. Ich gab zu allem meinen Kommentar ab, aber im Grunde fand ich alles ausgezeichnet. Wildbret, Stör, Austern, Trüffel und erlesenste Weine... und alles wurde in feinem sächsischen Porzellan und Silber serviert..."

Wohlschmeckende Essige waren in dieser Zeit sehr in Mode. Casanova schreibt, dass das Wichtigste an den Salaten die mit aphrodisierenden Kräutern angesetzten Essige seien, die man mindestens zwei Wochen vor dem Gebrauch vorbereiten musste. Verführerische Zutaten, wie Lavendel, wilde Orangen, Salbei, Thymian, Kardamon, Holunderblüten und Pfefferminze wurden im Faß mit feinsten Essigen angesetzt. Nach 3 Monaten Ruhe wurde der Sud durch ein Tuch geschüttet: ein anregender Aperitif war entstanden.

Essigpralinen sind eine kulinarische Dessert-Delikatesse.

Die „Essig-Zauber-Köche"

Essig eignet sich hervorragend zur Verfeinerung von Speisen. Die nachfolgenden Rezepte bekannter Gourmet-Köche sollen anregen, begeistern und Mut machen, Essig häufiger bei der Zubereitung köstlicher Gerichte zu verwenden.

Treten Sie ein in das kulinarische Reich der „Essig-Zauber-Köche"!

„Admiral" Alexander Hundt

Restaurant „Admiral"

Alexander Hundt

Leistadter Str. 6

D-67273 Weisenheim am Berg

Tel: 0 63 53 – 41 75

Fax: 0 63 53 – 98 93 25

e-Mail: gast@restaurant-admiral.de

Internet: www.restaurant-admiral.de

Lammrücken im Brickteig in Spätburgunder-Essig-Jus mit Saubohnen in Rahm

Zutaten

500 g Lammrücken,
ausgelöst, pariert,
Wurzelgemüse
(Karotte, Lauch,
Zwiebel, Sellerie),
1 kg gehackte Lammknochen,
Tomatenmark,
Spätburgunder Rotwein,
Spätburgunder Essig,
100 g Putenbrust, Sahne,
Rosmarin, Thymian,
Petersilie, 2 Zucchini,
etwas Mehl,
4 Brickteigblätter,
1 Eigelb,
120 g dicke Bohnen

Zubereitung

Den Lammrücken in vier Stücke schneiden, von allen Seiten kurz aber scharf anbraten und auf einem Tuch erkalten lassen. Etwas Wurzelgemüse in kleine Würfelchen schneiden, in Salzwasser kurz garen und auf einem Sieb abschütten. Die Lammknochen in Öl anrösten, das restliche Gemüse in groben Stücken mitrösten; den Lauch erst später zugeben. Wenn alles gleichmäßig gebräunt ist, 2 El Tomatenmark unterrühren, kurz weiterrösten und mit Rotwein ablöschen. Wenn der Wein verkocht ist, etwas Spätburgunder-Essig zugeben, einmal aufkochen lassen und die Knochen mit Wasser bedecken. Alles ca. eine Stunde köcheln lassen, abpassieren und auf gewünschte Konsistenz einkochen lassen. Die Putenbrust fein würfeln und in einer Moulinette zu einer Farce verarbeiten. Die Gemüsewürfelchen, die fein gehackten Kräuter dazugeben und mit Salz und Pfeffer abschmecken. Die Zucchini der Länge nach in ca. zwei Millimeter dicke Scheiben schneiden, in Mehl wenden und in einer Pfanne kurz anbraten. Die Brickteigblätter mit Eigelb bepinseln, dünn mit der Farce bestreichen, die Zucchini auflegen und nochmals mit Farce bestreichen. Die angebratenen Lammstücke in Mehl wenden und darauf legen. Nun in den Brickteig einschlagen und von allen Seiten gleichmäßig anbraten. Für ca. fünf bis sieben Minuten im vorgeheizten Backofen garen. Während das Fleisch abgedeckt ruht, die geputzten Bohnen mit Butter, den restlichen Gemüsewürfelchen, Kräutern und etwas Brühe erwärmen, abschmecken und in der Tellermitte anrichten. Den Lammrücken aufschneiden und arrangieren. Die Sauce anrichten und mit kleinen Kartöffelchen als Beilage servieren.

Sülze von Taube und Gänsestopfleber mit Vierräuber Balsam Essig und Rucolasalat

Zutaten

*120 g Gänsestopfleber
(o. fertige Terrine),
Zucker, Madeira,
weißer Portwein, Cognac,
2 Tauben,
Karotte, Lauch, Zwiebel,
Sellerie, Lorbeerblatt,
Pfefferkörner, Kräuter,
4 Blatt Gelatine (auf 250 ml),
je 1 rote und gelbe Paprika,
Vierräuber Balsam Essig,
Olivenöl, Brühe, Salz, Pfeffer,
Rucolasalat,
Kerbel*

Zubereitung

Frische Stopfleber putzen und von den Sehnen befreien. Mit Salz, Zucker, Madeira, Portwein und etwas Cognac beträufeln und abgedeckt einen Tag kühl stellen. Eine Terrinenform mit Klarsichtfolie auslegen und die Stopfleber fest in die Form drücken. Gut verschließen und in einem Wasserbad im Ofen bei 70°C etwa 20-25 Minuten garen. Gut durchkühlen lassen. Die Taubenbrüste auslösen, die Haut abziehen und von beiden Seiten bei niedriger Hitze kurz anbraten, rosa garen und kalt stellen. Die Knochen anrösten, das gewürfelte Wurzelgemüse zugeben und mit Wasser bedecken. Die Zwiebel mit Schale halbieren und auf Alufolie auf der Herdplatte rösten, zur Brühe geben. Mit Gewürzen und Essig aromatisieren. Fond eine Stunde leicht köcheln, abkühlen lassen und durch ein Tuch passieren. Mit Salz und Balsamessig nachschmekken. Eingeweichte und ausgedrückte Gelatine unter die wieder erhitzte Brühe rühren. Die Taubenbrüste und die Gänsestopfleberterrine in gleichmäßige, dünne Scheiben schneiden und abwechselnd mit dem Gelee in eine Terrinenform einsetzen. Gut durchkühlen lassen. Paprika halbieren, mit Öl einreiben und im Ofen bei mäßiger Oberhitze so lange garen, bis die sich die Haut bräunt und somit leicht abziehen läßt. In Rauten schneiden und zum Rucolasalat geben. Aus Essig, Öl, etwas Brühe, Salz und Pfeffer eine Vinaigrette herstellen. Terrine mit einem warmen Messer in Scheiben schneiden und in die Tellermitte legen. Salat und Paprika mit der Vinaigrette anmachen und um die Terrine arrangieren.

Medaillon vom Zander mit Meerrettich gratiniert auf glacierter Rote Bete in Himbeeressig

Zutaten

1 Zander (ca. 1,2 kg), Zwiebeln, Lauch, Fenchel, Staudensellerie, Butter, etwas Weißwein, Estragon, Petersilie, Kerbel, Sahne, Salz, Zitronensaft, Cayennepfeffer, 2 Rote Bete, Himbeeressig, 1 frische Meerrettichwurzel, 1 Eigelb, Meerrettich im Glas, Semmelbrösel, Zitronensaft

Zubereitung

Den Zander schuppen, ausnehmen, die Gräten ziehen und in vier Stücke schneiden. Das Gemüse fein schneiden und in Butter glasig anschwitzen. Die gesäuberten Fischgräten dazugeben, kurz mit anschwitzen und mit Weißwein ablöschen. Wasser angießen, die Stiele der Kräuter dazugeben, etwa eine halbe Stunde köcheln lassen. Durch ein Sieb passieren, etwa um die Hälfte einkochen lassen, mit Sahne angießen und auf die kalte gewünschte Konsistenz einkochen lassen. Die gekochten Rote Bete schälen, halbieren und mit einem Ausstecher kleine Monde ausstechen. Diese in Wasser und Himbeeressig einlegen.

Zum Anrichten den Fond im Topf reduzieren, mit Butter binden, die Rote Bete dazugeben. Mit Salz, Zucker und Himbeeressig abschmecken. Aus 50 g handwarmer Butter und Semmelbröseln, feingehackten Kräutern, frisch geriebenem Meerrettich, Meerrettich aus dem Glas, Zitronensaft, Salz, und Pfeffer eine feste Masse kneten. Unter der Oberhitze bräunen lassen. Den Zander fast fertig garen, die Gratiniermasse in Scheiben auflegen und bei starker Oberhitze bräunen. In der Tellermitte die glacierte Rote Bete anrichten, mit dem Fond nappieren, den Zander obenauf legen und mit der Fischsauce umgießen.

Auflauf von Pfälzer Ziegenkäse mit Jasminblütenessig und eingelegten Weichseln

Zutaten

Weichseln (dunkle Sauerkirschen), Jasminblütenessig, Zucker, Zimtstange, 3 Eier, 100g Ziegenfrischkäse, Orangensaft, Butter, Kirschwasser, Creme Fraîche, Kirschsaft

Zubereitung

Kirschen waschen und entsteinen. Mit Essig bedecken und zugedeckt einen Tag ziehen lassen. Den Essig separat mit Zucker und Zimtstange aufkochen lassen, abschäumen, auskühlen lassen und wieder auf die Kirschen geben. Nochmals einen Tag stehen lassen. Danach den Fond auf gewünschte Konsistenz einkochen und die Kirschen damit in einem Einmachglas einlegen. Für den Auflauf 2 Eigelbe mit 50 g Zucker im Wasserbad schaumig schlagen, den passierten Ziegenfrischkäse unterrühren und dabei erkalten lassen. 20 g Zucker und 3 Eiweiß zu einem festen Schnee schlagen und unter die erkaltete Masse heben. Vier Förmchen mit Butter ausstreichen, zuckern und die Auflaufmasse hineinfüllen. In einer Pfanne im Wasserbad im vorgeheizten Backofen bei 200°C 10-12 Minuten garen. Orangensaft mit Zucker und Butter aufkochen, den Essigsud dazugeben, etwas einkochen und die Weichseln mit etwas Kirschwasser dazugeben und erwärmen. Den Auflauf stürzen und in der Tellermitte anrichten. Etwas Creme Fraîche mit Zucker und Kirschsaft glattrühren und auf den Teller geben. Das Ragout dazugeben und dekorativ anrichten.

Beckers Gut, Harry Becker

Restaurant „Becker´s Gut"

Harry Becker

Weinstr. 507

D-67434 Neustadt-Diedesfeld

Tel: 0 63 21 – 21 95

Fax: 0 63 21 – 21 01

e-Mail: beckersgut@t-online.de

*Entenleber-Parfait im
Baumkuchenmantel an Blattsalaten
mit Giacomo Casanova Essig*

Zutaten

*180 g Entenleber,
1 Ei, 150 g geklärte Butter,
1 cl roter Portwein,
1 cl Pfälzer Weinbrand,
weißer Pfeffer, 100 g Baumkuchen,
200 g Blattsalate,
1 cl Giacomo Casanova-Essig,
Olivenöl*

Zubereitung

Fein gesäuberte Entenleber zusammen mit dem Ei im Mixer pürieren, durch ein Sieb streichen und nochmals pürieren. Nun unter ständigem Rühren die geklärte, warme Butter zufügen. Mit Pfeffer, Portwein und Weinbrand aromatisieren. Eine Terrinenform mit Klarsichtfolie auslegen und die Mousse einfüllen. Ofen auf 70°C vorheizen und die gefüllte Form im Wasserbad ca. 40 Minuten pochieren. Aus dem Ofen nehmen und auskühlen lassen. In der Zwischenzeit eine zweite, mit Folie ausgelegte Form richten, die mit Baumkuchenscheiben ausgelegt wird. Die ausgekühlte Entenmousse wird so in die zweite Form gefüllt, dass sie vollständig vom Baumkuchen umschlossen ist. Den Salat in einer Vinaigrette von 1cl Giacomo Casanova-Essig und Olivenöl anrichten, in die Mitte des Tellers setzen und mit drei Entenmousse-Tranchen anrichten. Mit frischen Beerenfrüchten garnieren.

Lammcarré an Provence Tomaten

Zutaten

600 g Lammcarré,
Salz, Pfeffer, Olivenöl,
300 ml Lammfond,
1 Thymian- und 1 Rosmarinzweig,
50 g Butter, 200 g Schalotten,
100 ml Sahne, 20 g Senf,
15 g gepreßter Knoblauch,
Kräutermischung (Petersilie, Kerbel, Basilikum, Thymian),
1 geschälte gewürfelte Tomate
Pfälzer Spätburgunder-Essig

Zubereitung

Das Lammcarré mit Salz und Pfeffer würzen und in 2 El heißem Olivenöl beidseitig gut anbraten. Im Backofen ca. 6 Minuten garen und danach unter milder Oberhitze (Salamander) ruhen lassen. In der Zwischenzeit den Lammfond mit Thymianzweig und Rosmarin auf die Hälfte reduzieren, passieren und mit der Butter aufmontieren und mit einem Schuss Pfälzer Spätburgunder-Essig abrunden. Geschälte und in Streifen geschnittene Schalotten in 1 El Olivenöl leicht glacieren und mit Sahne ablöschen. Mit Senf, Kräutern, Knoblauch würzen und zum Schluß gewürfelte Tomatenviertel hinzufügen. Das Lammcarré in ca. 1,5 cm dicke Scheiben schneiden. Die Provence-Garnitur in der Mitte des vorgewärmten Tellers anrichten und die Lammscheiben auf den Saucenspiegel setzen.

Gebratenes Kaiserbarschfilet auf Rahmlauch und Riesling-Essig-Schaum

Zutaten

4 Kaiserbarschfilets
à 80 g,
Salz, Pfeffer,
200 g Lauchstreifen,
100 ml Sahne,
200 ml Fischfond,
65 g Butter,
100 ml Riesling-Sekt
20 ml Riesling-Essig

Zubereitung

Die Fischfilets sauber parieren, mit Salz und Pfeffer würzen und in heißem Olivenöl von beiden Seiten anbraten. Aus der Pfanne nehmen und warm stellen. Lauchstreifen in Butter anschwitzen, mit Sahne ablöschen und kurz aufkochen lassen. Den Fischfond zur Hälfte reduzieren und mit kalter Butter aufschlagen. Zur Krönung der Sauce den Riesling-Essig hinzufügen. Mit etwas Pfälzer Riesling-Sekt verfeinern. In der Mitte des vorgewärmten Tellers das Lauchgemüse anrichten, den Kaiserbarsch darauf legen und mit Rieslingschaum umgießen.

Nougat-Eisparfait mit Vanille Essig an Amaretto-Sabayone

Zutaten Eisparfait

4 Eigelb, 1 Ei,
140 g Zucker,
2 cl Cointreau,
60 g Nougat,
20 g weiße Schokolade,
250 ml geschlagene Sahne
2 cl Vanille Essig

Zutaten Amaretto-Sabayone

4 cl Amaretto,
2 Eigelb,
1 El. Zucker,
100 ml Muskateller

Zubereitung

Für das Parfait Eier, Cointreau und Zucker im heißen Wasserbad aufschlagen. Nougat und weiße Schokolade zerlaufen lassen und zur Eimasse geben. Die aufgeschlagene Masse in eine mit Eiswürfeln gefüllte Schüssel geben und bis zum völligen Erkalten weiter schlagen. Dann die geschlagene Sahne vorsichtig unterheben und mit dem Vanille Essig verfeinern. In einer mit Frischhaltefolie ausgelegten Kastenform ca. 4 Stunden frosten.

Für die Amaretto-Sabayone alle Zutaten im heißen Wasserbad zu einer sämigen Creme aufschlagen. Die Sabayone in die Tellermitte geben und Scheiben vom Nougateis aufsetzen. Mit frischen Früchten und Zitronenmelisse ausgarnieren.

Freinsheimer Hof, Holger Jacobs

Restaurant und Hotel
„Freinsheimer Hof" GmbH

Holger Jacobs

Breite Str. 7

D-67251 Freinsheim

Tel: 0 63 53 – 5 08 04 10

Fax: 0 63 53 – 5 08 04 15

e-Mail: freinsheimer.hof@t-online.de

Internet: www.restaurant-freinsheimer-hof.de

Essig-Tagliatelle mit grünem Spargel in Wildrosenblüten-Vinaigrette

Zutaten Tagliatelle
200 g Nudelmehl,
200 g Nudelgrieß,
90 g Vollei, 60 g Eigelb,
1 El Balsam of Roses Essig,
1 El Speiseöl,
etwas Rosenwasser

Zutaten Spargel in Wildrosenblüten-Vinaigrette
5 El Balsam of Roses Essig,
2 El weißer Portwein,
1 El trockener Sherry,
6 El Gemüsebrühe,
2 El Rosenblüten (Orange und Gelb),
Salz, Pfeffer,
etwas Honig nach Gusto
6 El Distelöl, 10 El Olivenöl,
16 grüne Spargelstangen,
Wildrosenblüten

Zubereitung
Das Nudelmehl und den Grieß vermischen. Ei und Eigelb mit dem Essig, dem Öl und dem Rosenwasser verrühren. Diese Mischung nach und nach in das Mehl einarbeiten, Salz zufügen und ca. 15 Minuten gut durchkneten. Den Teig zu einer Kugel formen, in Klarsichtfolie einwickeln und ca. 1 Stunde ruhen lassen. Von Hand oder mit einer Nudelmaschine feine Bandnudeln herstellen und diese in kochendem Salzwasser bißfest garen. Abgießen, abtropfen lassen und in der Wildrosenblüten-Vinaigrette durchschwenken.

Für die Vinaigrette alle Zutaten bis auf das Öl in einen Mixer füllen, mit Salz, Pfeffer und Honig abschmecken und gut aufmixen. Nach und nach die beiden Öle zugeben und nochmals abschmecken. Spargel schälen und kurz blanchieren. In der Vinaigrette marinieren. Die Nudeln mit einer Fleischgabel zu einem Nest aufdrehen und auf den marinierten Spargelrauten anrichten. Mit Rosenblättern und Spargelspitzen garnieren.

Dreierlei Paprika und Artischocken in Orangenblütenessig mit Oliven-Kapern-Tapenade

Zutaten Dreierlei Paprika

Je 150 g rote, gelbe und
grüne Paprika, 4 El Olivenöl,
2 Knoblauchzehen,
4 El Orangenblütenessig,
3 Thymianzweige,
1 Rosmarinzweig, Salz, Pfeffer,
2 große Artischocken, 1 Zitrone,
200 ml Orangensaft,
3 El Orangenblütenessig

Zutaten Oliven-Kapern-Tapenade

100 g schwarze Oliven (o. Kern),
20 g Kapern,
8 El Olivenöl,
2 El Vierräuber Balsam Essig
Salz, weißer Pfeffer,
1 Thymianzweig,
8 Scheiben Oliven-Chiabatta

Zubereitung

Die gewaschenen Paprika schälen und in gleichmäßige Streifen schneiden. Die Streifen in Olivenöl anbraten, die leicht zerdrückten Knoblauchzehen zugeben und mit Essig ablöschen. Die Kräuter zugeben. Das Gemüse mit dem Sud in eine flache Schüssel geben, mit Salz und Pfeffer würzen und 4-5 Stunden marinieren. Das obere Drittel der Artischocken abschneiden. Die Stiele ebenfalls abschneiden. Die Zitrone halbieren und die Schnittflächen der Artischocken damit einreiben. Die Artischocken in einen großen Topf geben, mit Wasser bedecken und leicht salzen. Das Wasser zum Kochen bringen und die Artischocken 20-30 Minuten zugedeckt bei mittlerer Hitze garen. Danach herausnehmen, die Außenblätter entfernen und das Herz in der Mitte mit einem Teelöffel herauskratzen. Die Böden vierteln. Den Orangensaft auf 50 ml einkochen, den Essig dazugeben, die geviertelten Artischockenböden darin einlegen und mit Salz und Pfeffer würzen. Für die Tapenade die Oliven und Kapern fein schneiden und mit Olivenöl und Essig verrühren. Mit Salz und Pfeffer würzen. Die Thymianblättchen abzupfen und unter die Masse mischen. Aus dem Brot runde Scheiben ausstechen, diese ohne Fett in einer Pfanne rösten und darauf die Tapenade verteilen. Die eingelegten Paprikastreifen und die Artischockenviertel mit den Tapenadecroutons anrichten, mit Pesto und beliebigen Blattsalatröschen garnieren.

Getrüffeltes Selleriepüree und Kartoffelstäbchen, dazu Schalottenconfit mit Kaffeeblütenhonigessig

Zutaten

400 g geschälte Sellerieknolle, 1 Schalotte, 2 El Trüffelöl, 5 El Gemüsebrühe, 5 El Sahne, Salz, Pfeffer, Muskat, 80 g Kartoffeln, mehlig kochend, 20 g Trüffel, 400 g festkochende Kartoffeln, Butter zum Einstreichen;

Schalottenconfit: 250 g Schalotten, 3 El Olivenöl, 2 El Zucker, 3 El Kaffeeblütenhonigessig $^{1}/_{4}$ l Rotwein (Dornfelder), roter Portwein, 3 Thymianzweige, 1 Lorbeerblatt, 1 Tl Speisestärke, 4 El Kaffeeblütenessig

Zubereitung

Die Sellerieknolle mit den Schalottenscheiben in Trüffelöl kurz anschwitzen, mit der Gemüsebrühe ablöschen, im geschlossenen Topf bei kleiner Flamme ca. 20 Minuten dünsten. Den Sellerie pürieren, Sahne zufügen und erwärmen. Mit Salz, Pfeffer und Muskat abschmecken. Die pürierten Kartoffeln untermischen, nachwürzen und mit der feingehackten Trüffel vollenden. Die Kartoffeln in 4 cm lange, etwa 0,5 cm starke Stäbchen schneiden, in kochendem Salzwasser bißfest garen und kalt abschrecken. Metallringe von 8 cm Durchmesser und 4 cm Höhe mit Butter einpinseln und die Kartoffelstäbchen einsetzen. In die ausgekleideten Ringe das Selleriepüree einfüllen. Im vorgeheizten Backofen bei 130° C ca. 6 Minuten erhitzen. Für das Confit die Schalotten in feine Würfel schneiden und in Olivenöl glasig anschwitzen. Zucker zugeben und karamellisieren. Mit Essig ablöschen und einkochen lassen. Mit dem Rotwein auffüllen, auf $^{1}/_{4}$ l die Hälfte einkochen, Portwein dazu gießen. Thymianzweige und Lorbeerblatt zugeben und nochmals auf die Hälfte einkochen lassen, bis eine sämige Sauce entsteht. Mit angerührter Speisestärke binden, den Kaffeeblütenhonigessig hinzufügen, Lorbeerblatt und Thymianzweige entfernen und mit Salz und Pfeffer abschmecken. Die Ringe entfernen, das ummantelte Püree auf einen Teller setzen und mit dem Schalottenconfit und Broccoliröschen garnieren.

Weißes Schokoladenmousse im Baumkuchenmantel mit eingelegten Himbeeren und Eis

Zutaten

150 g weiße Kuvertüre, 1 Ei, 1 El Vanilleessig, 2 Blatt Gelatine, 3 El Himbeergeist, 300 g Schlagsahne, 200 g Baumkuchen (o. Schokoladenglasur), 100 g Himbeeren (für das Mark), 25 g Puderzucker, 1 El Vanilleessig, 150 g Himbeeren

Sabayon: 1/8 l Milch, 50 g Zucker, 5 Eigelbe, Mark von 1 Vanilleschote, 1 El Funilla Vanilleessig

Vanillesirup: 3 Vanilleschoten, 100 g Zucker, 175 g Wasser

Eis: 100 g Vanillesirup, 500 g Sahne, 3 Eier, 3 Eigelbe, 150 ml Vanillesirup, 2 El Funilla Vanilleessig, 2 El Vanillelikör

Zubereitung

Kuvertüre im Wasserbad auflösen. Ei und Essig im warmen Wasserbad schaumig aufschlagen, die Kuvertüre einrühren. Die in kaltem Wasser eingeweichte Gelatine im Himbeergeist auflösen, zur Kuvertüre geben, gut verrühren. Auskühlen lassen, die Schlagsahne unterheben. Die gestockte Masse in eine mit Baumkuchen ausgelegte Form füllen und zugedeckt 3-4 Stunden im Kühlschrank kalt stellen. Die Himbeeren mit Puderzucker und Vanilleessig pürieren, durch ein Sieb streichen. Das Himbeermark mit den Himbeeren vorsichtig mischen. Für die Sabayon Milch mit Zucker, Eigelben und Vanillemark verrühren, im Wasserbad cremig aufschlagen. Mit Essig abschmecken. Für den Vanillesirup die Schoten aufschneiden, das Mark herauskratzen. Mit Zucker und Wasser mischen, aufkochen und auf 250 ml einkochen lassen. Über Nacht ziehen lassen und passieren. Für das Eis den Sirup mit der Sahne aufkochen. Die Eier und die Eigelbe mit dem Sirup (150 g) auf einem warmen Wasserbad schaumig aufschlagen, die kochende Sahne auf die Eiermasse gießen und schnell verrühren. Die Masse in Eiswasser stellen und kalt schlagen. Mit Essig und Likör aromatisieren und in der Eismaschine gefrieren.

Schlossrestaurant, Wolf J. Schönmehl

Schönmehl´s Schlossrestaurant

Wolf J. Schönmehl

Schloßhof

D-69117 Heidelberg

Tel: 0 62 21 – 9 79 70

Fax: 0 62 21 – 16 79 69

e-Mail: schoenmehl@t-online.de

Internet: www.schoenmehl.de

Zweierlei von der „Ente von Heidelberg" mit Holunderblütenessig-Rotkraut und Apfeltörtchen

Zutaten für 4 Personen

2 Barberie Entenbrüste à 180 g, 2 Entenbrüste von der gebratenen Ente ausgelöst, 4 Scheiben Gänsestopfleber à 30 g, 120 g Geflügelfarce (siehe Vorspeise), 4 geputzte blanchierte Spinatblätter, 2 große Kartoffeln, Salz und Pfeffer

Rotkraut: 1 Kopf Rotkraut, 2 Äpfel, 3 Schalotten, 3 Gewürznelken, 1 kleine Zimtstange, 4 Wacholderbeeren, 4 Pinienkerne, 25 cl trockener Rotwein, 20 g Entenschmalz, 4 cl Holunderblütenessig, Speisestärke, Salz, Zucker

Apfeltörtchen: 5 Äpfel, 100 ml Milch, 100 g Mehl, 10 g Backpulver, Salz, Muskat, 10 g Crème fraîche, 1 Ei

Sauce: $1/4$ l Entenfond, 2 Pimentkörner, 2 cl Madeira, 8 cl Rotwein, 40 g Butterwürfel

Zubereitung

Die Entenbrüste von der Haut befreien und halbieren. Das Fleisch leicht plattieren und mit Salz und Pfeffer würzen. Dann mit der Farce dünn bestreichen und mit Spinat belegen. In die Mitte der Brüste je eine Scheibe Gänsestopfleber legen und zu kleinen Rouladen aufrollen. Aus den Kartoffeln Kartoffelspaghetti drehen oder geriebene Kartoffeln verwenden. Die Rouladen mit Salz und Pfeffer würzen und in die Kartoffelspaghetti einwickeln. In heißem Butterschmalz ca. 10 min. goldbraun braten. Für die Sauce Madeira, Rotwein und Entenfond zusammen mit Pimentkörnern auf die Hälfte reduzieren, abschmecken, eventuell etwas abbinden. Die gegarten Entenbrüste in 4 Portionen teilen und mit Butter bestreichen und unter dem Grill knusprig gratinieren.

Rotkohl mit Rotwein übergießen, Schalotten in Scheiben schneiden, im Entenschmalz andünsten, das marinierte Rotkraut mit dem Fond dazu geben und zugedeckt 20 bis 30 Minuten weich garen. Die Gewürze entfernen, mit Stärke binden, mit Salz, Zucker und Holunderblütenessig abschmecken.

4 Äpfel in dünne Scheiben schneiden. Damit 4 ausgebutterte Metallringe oder Kaffeetassen auslegen. Aus Milch, Mehl, Backpulver, einem Ei, Crème fraîche und Apfelwürfeln einen glatten Teig bereiten. Mit Salz und Muskat würzen. Die Förmchen damit $3/4$ füllen und auf ein mit Backpapier belegtes Blech bei ca. 180° 18 Minuten im Ofen garen.

Salat vom Kaninchen und Artischocken mit Gemüsevinaigrette und Casanova Essig

Zutaten

*4 ausgelöste Kaninchen-
rückenstränge, 4 Artischocken,
4 Rosmarinzweige,
160 g Geflügelfarce,
80 g Hähnchenbrustfleisch (ohne Haut),
80 g Sahne, 2cl weißer Portwein,
Salz und weißer Pfeffer,
1 Zitrone, 100 g feine Gemüsewürfel
blanchiert (Karotte, Sellerie, Lauch),
1 El fein geschnittene Kräuter
(Petersilie, Estragon, Schnittlauch,
Kerbel), 2 Schalotten,
0,1 l Geflügelconsomée,
je 4 El kaltgepresstes Walnuß-,
Distel-, und Traubenkernöl,
2 El Casanova Essig, $^1/_2$ Tl Dijonsenf,
1 Prise Zucker*

Zubereitung

Von den Artischocken die Stile und Blätter abtrennen. Das Bodeninnere mit einem Gemüseausstecher ausschaben, gut mit Zitrone einreiben und im Wasser mit Zitronensaft, 1 Prise Salz und 2 El Olivenöl sowie je fünf schönen Artischockenblättern bißfest garen. Danach kalt abschrecken. Für die Geflügelfarce das Fleisch fein schneiden und mit Salz und Pfeffer würzen. Separat mit der Sahne in das Kühlfach geben und leicht anfrieren lassen. Danach zusammen mit der Sahne in der Moulinette zu einer glatten, glänzenden Farce mixen. Die fertige Farce durch ein feines Passiersieb streichen und mit Portwein und einer Prise Salz abschmecken.

Die Artischockenböden mit der Farce ausstreichen und mit den gewürzten Kaninchenrücken auslegen. 4 kleine Rückenmedaillons auf die Rosmarinzweige stecken und in die Mitte der Artischocken geben. Bei 180 Grad ca. 12-14 Minuten im vorgeheizten Ofen garen. Für die Vinaigrette die Schalotten fein würfeln und 30 Sekunden blanchieren. Mit den restlichen Zutaten gut verrühren und abschmecken.

Steinbutt unter der Pinienkernkruste auf Rote Beete Carpaccio mit Liselottenessig und Kartoffelschaum

Zutaten

30 g Pinienkerne leicht angeröstet,
30 g weiche Butter,
30 g Parmesan gerieben,
40 g Brioche gerieben
2 mittelgroße rote Beete,
Traubenkernöl, Liselottenesig
25 g Butter,
75 g rohe Kartoffeln,
$1/4$ l Milch, $1/4$ l Sahne,
Muskatnuß,
etwas Hühnerbrühe,
1 Tl Majoran,
1 Prise gemahlener Kümmel,
Salz und Pfeffer
4 kleine Steinbuttfilets
(ca. 100 g schwer ohne Haut und Gräten),
1 Knoblauchzehe,
1 Zweig Rosmarin,
1 Zweig Thymian,
Olivenöl zum Braten,
Mehl zum Bestäuben

Zubereitung

Für die Pinienkernkruste die Butter schaumig schlagen, die grob gehackten Pinienkerne, den Parmesan und die geriebenen Brioche unterziehen. Die Masse zu einer Rolle formen, in Klarsichtfolie einpacken und kalt stellen. Für das Carpaccio die rote Beete im Salzwasser kochen, bis sie weich ist, pellen und in dünne Scheiben schneiden. Für den Kartoffelschaum den Lauch und die Kartoffel in kleine Würfel schneiden und in Butter anschwitzen. Mit der Milch und der Sahne aufgießen. Die Gewürze, etwas Hühnerbrühe und Majoran hinzufügen und garen lassen. Wenn die Kartoffeln weich sind, die Mischung pürieren. Zum Schluß einen Schuß Liselottenessig hinzufügen und umrühren. Die Steinbuttfilets mit Salz und Pfeffer würzen und in Mehl wenden. Die Filets kurz in einer heißen Pfanne mit Rosmarin, Thymian und dem Knoblauch anbraten. Die Fischfilets zum Fertiggaren auf ein Backblech legen und mit der in Scheiben geschnittenen Pinienkernkruste belegen. Unter Oberhitze im Backofen gratinieren.

Topfenmousse mit marinierten Erdbeeren an Tränen der Kleopatra

Zutaten Topfenmousse

125 g Quark,
Saft und Abrieb von 1 Zitrone,
Saft und Abrieb von 1 Orange,
25 g Zucker,
40 g flüssige Sahne,
$1/2$ Vanilleschote,
120 g Eiweiß (Eiweiß von 4 Eiern),
50 g Zucker für das Eiweiß,
250 g geschlagene Sahne

Zutaten Marinierte Erdbeeren

500 g Erdbeeren,
2 Eßlöffel Puderzucker,
40 g Essig Tränen der Kleopatra,
Schokoladenkörbchen
(beim Konditor bestellen)

Zubereitung

Den Quark mit dem Saft und dem Abrieb von Zitrone und Orange, der flüssigen Sahne, dem Zucker und der ausgekratzten Vanilleschote verrühren. Die Sahne steif und das Eiweiß zu Schnee schlagen. Mit einem Gummischaber die steif geschlagene Sahne und das steif geschlagene Eiweiß unterheben. Die Masse zum Abtropfen in ein Tuch geben und mindestens 3 Stunden kalt stellen. Die Molke sollte gut ablaufen. 4 Erdbeeren für die Garnitur halbieren. Ca. 100 g Erdbeeren zusammen mit Puderzucker und Kleopatraessig in eine Schüssel geben. Mit einem Stabmixer die Erdbeeren pürieren und durch ein Haarsieb streichen. Die restlichen Erdbeeren in Scheiben schneiden und mit der Erdbeersauce marinieren. Das Mousse in einen Spritzsack füllen und in ein Schokoladenkörbchen spritzen. Auf den Tellern die Erdbeeren kreisförmig anrichten. Das Schokoladenkörbchen mit dem Mousse im oberen Teil vom Teller plazieren.

Isenhof, Peter Steverding

Restaurant „Isenhof"

Peter Steverding

Hauptstr. 15 a

D-76879 Knittelsheim

Tel: 0 63 48 – 57 00

Fax: 0 63 48 – 5917

Vermählung von Rotem und Weißem Burgunder auf Gelee von Hochzeitsbalsam-Essig

Zutaten

$1/4$ l Weißburgunder Spätlese,
$1/4$ l Spätburgunder Spätlese,
Traubenzucker,
6 Eigelb,
$1/4$ l einreduzierter Traubensaft,
3 Blatt Gelatine,
Hochzeitsbalsam-Essig,
frische Früchte nach Saison

Zubereitung

3 Eigelbe mit dem Weißburgunder und Traubenzucker im Wasserbad schaumig aufschlagen. In die Eismaschine (oder Kühltruhe) geben. Mit dem Spätburgunder genauso verfahren. Wenn keine Eismaschine zur Verfügung steht, die beiden Eismassen öfter durchrühren, damit keine Eiskristalle entstehen. Den Traubensaft erwärmen, die eingeweichte und ausgedrückte Gelatine zugeben, einrühren und mit dem Hochzeitsbalsam abschmecken. Teller mit Früchten garnieren und das noch flüssige Gelee angießen. Darauf das weiße und rote Eis anrichten und mit Hochzeitsbalsam zart überstäuben.

Oper von Hummer und Steinbutt auf Gemüsespaghettinos an Orangenessignage

Zutaten

Rohes Hummerfleisch
(von einem Hummer),
350 g Steinbuttfilet,
blanchierte Spinatblätter,
100 ml Sahne, grobes Meersalz,
weißer Pfeffer, Noilly-Prat,
Törtchenringe (ca. 8 cm Durchmesser),
Sellerie, Lauchstangen,
Karotten, Orangensaft (einreduziert),
Orangenblütenessig, Fischfond,
kalte Butterwürfel

Zubereitung

Den Steinbutt in 8 Stücke, den Hummerschwanz in 4 Stücke schneiden. Aus Hummer- und Steinbutt-Resten mit der Sahne im Mixer eine Farce bereiten. Mit Salz, Pfeffer und Noilly-Prat kräftig abschmecken. Die Ringe mit Spinat auslegen und mit der Farce ausstreichen, dann abwechselnd Hummer und Steinbutt einsetzen. Mit Farce und Spinat abschließen. Im Dampfeinsatz ca. 12 Minuten garen.

Aus Sellerie, Lauch und Karotten feine Streifen (Julienne) schneiden und in kochendem Salzwasser zu bißfesten Spaghettinos garen. Für die Sauce Orangensaft und Fischfond aufkochen, den Orangenblütenessig zugeben und abseits vom Herd die eiskalten Butterwürfel zur Bindung einmontieren. Die Törtchen von Hummer und Steinbutt in ein Nest von Spaghettinos setzen und mit der Orangenessignage nappieren. Mit frischen Kräutern und Blüten ausgarnieren.

Heimischer Lammrücken auf gebratenen Mixed Pickels mit Löwenzahnessig-Sauce

Zutaten

*1 Lammrücken mit Knochen,
Rosmarin, Thymian,
Knoblauch, schwarzer Pfeffer,
Olivenöl,
Sellerie, Karotten, Zwiebel,
Lauch, Rosmarinzweige,
Tomatenmark,
Salz, Pfefferkörner,
Lammfond,
1 Schuß Dornfelder Rotwein,
2 El Holundermarmelade,
kleine Maiskolben,
Zwiebellauch,
1 Paprika pro Farbe,
Karotten, Kohlrabi, Sellerie,
Perlzwiebeln,
Honig, Löwenzahnessig,
Kalbsfond, Senfkörner,
Schalotten, 1 Lorbeerblatt,
Weißwein*

Zubereitung

Aus Rosmarin, Thymian, Knoblauch, Pfeffer und Olivenöl eine Marinade rühren. Den Lammrücken auslösen, parieren und für gute 48 Stunden in der Marinade ziehen lassen. Für die Sauce die ausgelösten Lammknochen scharf anbraten. Die walnußgroßen Röstgemüse und die Kräutersträußchen dazugeben, etwas Tomatenmark unterrühren und anrösten. Mit einem guten Schuß Dornfelder ablöschen, mit Lammfond aufgießen und ca. 1 Stunde köcheln lassen. Durch ein Sieb passieren und nochmals auf die gewünschte Konsistenz einkochen lassen. Mit Holundermarmelade (oder einer anderen fruchtigen Zutat) abschmecken. Für die Mixed Pickels den Babymais halbieren und das restliche Gemüse in gleich große Stücke schneiden. Die Perlzwiebeln mit Zucker karamelisieren und mit einem Schuß Weißwein und Kalbsfond ablöschen. Salzen, pfeffern und mit einem Rosmarinzweig garköcheln. Die Gemüsestücke (außer Paprika) in Salzwasser blanchieren. Gehackte Schalotten in Olivenöl andünsten, mit Weißwein ablöschen. Senfkörner, Lorbeerblatt und etwas Honig zugeben und $1/2$ Stunde köcheln lassen. Das blanchierte Gemüse in Olivenöl anbraten und den eingekochten Sud angießen. Mit Löwenzahnessig abschmecken. Den Lammrücken auf der Fettseite sehr stark anbraten, kurz wenden und im Backofen bei 150° C in 10 Minuten fertig garen. Das Fleisch tranchieren, auf den Mixed Pickels anrichten und mit der reduzierten Sauce nappieren.

Sorbet vom Vanille Essig im Nest von Salatspitzen

Zutaten

1 cl Vanille Essig,
1 Vanilleschote,
$1/4$ l Weißburgunder,
$1/4$ l weißer Traubensaft,
ca. 4 El Akazienhonig,
1 El Butter, 1 Eigelb,
Löwenzahn, Friseé, roter Chicoreé,
Feldsalat, Portulak
(oder Salat nach saisonalem
Angebot)

Zubereitung

Wein, Traubensaft, Honig und das ausgeschabte Mark der Vanilleschote auf ca. 40°C erwärmen. Im Mixer mit Butter und Eigelb aufschlagen. Nach Belieben mit dem Vanille Essig aromatisieren. Das Ganze – noch warm – in einer Eismaschine gefrieren oder unter häufigem Umrühren im Tiefkühlfach gefrieren lassen. Salatspitzen dekorativ auf den Tellern anrichten und das Sorbet in der Mitte plazieren. Das Sorbet schmeckt am besten zusammen mit den Salaten.

Lamm, Manfred Kreger

Hotel-Restaurant „Zum Lamm"

Manfred Kreger

Hauptstrasse 7

D-76777 Neupotz

Tel: 0 72 72 – 28 09

Fax: 0 72 72 – 7 72 30

e-Mail: kregerlamm@aol.com

Gefüllter Tintenfisch an Thymianessig-Sauce

Zutaten

6 Tintenfischtüten,
1 Zitrone,
Salz,
Filets von 200 g Lachs,
200 g Seeteufel,
200 g Steinbutt,
200 g Garnelenschwänze,
150 g Zanderfilet,
650 ml Sahne,
Frische Kräuter
(Thymian, Estragon, Basilikum),
$1/2$ l Fischfond,
Thymianessig, 2 El kalte Butter

Zubereitung

Den Tintenfisch waschen, trocknen, mit Salz und Zitronensaft würzen. Den Lachs, den Seeteufel und den Steinbutt in 1cm große Würfel schneiden, mit Salz, etwas Pfeffer und wenig Thymianessig würzen. Die Lachswürfel beiseite stellen, die restlichen Fischwürfel und die Garnelen in etwas Olivenöl anbraten, vom Herd nehmen und mit den Lachswürfelchen mischen. Abkühlen lassen. Den Zander mit 150 ml kalter Sahne in der Moulinette zu einer Farce mixen und durch ein Sieb streichen. Farce mit den Fischwürfeln vermengen. Die Kräuter nach Belieben dazu geben und in die Tintenfischtüten füllen. Mit einer Rouladennadel verschließen und in Olivenöl ringsum anbraten. Danach ca. 20 Minuten im 180°C heißen Ofen fertig garen. Einen halben Liter Sahne mit dem Fischfond auf die Hälfte reduzieren, mit etwas Stärke abbinden, nach Belieben mit Thymianessig aromatisieren und mit 2 El kalte Butter aufmixen. Die Tintenfischsäckchen aufschneiden und mit Sauce und Bandnudeln servieren. Mit frischen Kräutern garnieren.

Pfälzer Mozartkugeln mit Spätburgunder-Essig auf Lauch

Zutaten

300 g Blutwurst,
3 Schalotten,
1 El Majoran,
2 Eigelb, 1 Ei,
2 El Spätburgunder-Essig,
Butter,
500 g Kartoffeln,
3 El Mehl,
Salz, Muskat,
2 Stangen Lauch,
$1/4$ l Sahne,
etwas Fleischbrühe,
1 El Senf

Zubereitung

Schalotten würfeln, in 40 g Butter anschwitzen, die Blutwurst fein würfeln und mit anbraten. Mit Majoran würzen und vom Herd nehmen. Essig, 20 g Butter und das Eigelb untermengen. Auskühlen lassen. Wenn die Masse beginnt fest zu werden, ca. 18 kleine Kugeln formen. Gekochte Kartoffeln durchpassieren, mit Mehl, Ei, Salz und Muskat zu einem glatten Knödelteig verarbeiten. Die Blutwurstkugeln in den Kartoffelteig einrollen und in Salzwasser ca. 20 Minuten gar ziehen lassen. Lauch putzen und waschen. Die hellgrünen und weißen Stücke vom Lauch in Streifen schneiden, in Salzwasser blanchieren, kalt abschrecken lassen und in 1 El. Butter erwärmen. Sahne und Fleischbrühe aufkochen, den Senf einrühren und mit eiskalten Butterwürfelchen sämig abbinden. Auf dem Teller ein Bett vom Lauch anrichten, mit den Mozartkugeln belegen und mit der Sauce nappieren. Mit frischen Kräutern garnieren.

Bunte Blattsalate an Vierräuber-Balsam-Essig-Vinaigrette mit Kaninchenfilets und Rucolapesto

Zutaten Blattsalate mit Kaninchenfilets

Eichblatt, Rucola, Frisée, Lollo Rosso, Kirschtomaten, kleine Champignons, 2 El geröstete Pinienkerne, Parmesan, gehobelt, 8 Kaninchenfilets

Zutaten Vinaigrette

4 El Vierräuber Balsam Essig,
2 El Fleischbrühe, 6 El Olivenöl,
2 Schalotten in Würfelchen, Saft von
$1/4$ Zitrone, 1 Prise Salz, Zucker,
1 El Gelee von Spätburgunder-Essig

Zutaten Rucolapesto

$1/4$ l Olivenöl (Extra Vergine),
60 g Parmesan, 60 g Pinienkerne,
Saft von $1/4$ Zitrone, Salz, Pfeffer,
2 Bund Rucola

Zubereitung

Die Kaninchenfilets von Haut und Sehnen befreien, mit Salz und Pfeffer würzen und scharf anbraten. Für das Rucolapesto alle Zutaten im Mixer pürieren. Salate marinieren, auf dem Teller anrichten und mit etwas Vinaigrette beträufeln. Kaninchenfilets aufschneiden und um den Salat legen. Parmesan darüber hobeln und mit Rucolapesto beträufeln.

*Orangen-Ingwercreme
auf Mohnsalbei an Orangenessig-
Sorbet*

Zutaten Mohnsockel

100 g Mohn, 100 g Zucker, 100 g Butter, 4 Eigelb, 4 Eiweiß, 1 El Zucker

Zutaten Orangencreme

$1/4$ l Orangensaft, $1/4$ l Sahne, 1 Tl Orangenschale, 20 g frischer feingeriebener Ingwer, 4 El Zucker, 6 Blatt Gelatine, 400 g Sahne, 150 ml Blutorangensaft, 50 ml Orangenblüten-Essig, 150 g Gelierzucker

Zutaten Orangen-Essig-Sorbet

200 ml Wasser, 200 g Zucker, 250 ml Orangensaft und 80 ml Orangenblüten-Essig

Zubereitung

Für den Mohnsockel Butter und Zucker schaumig rühren, Mohn dazu geben und die Eigelbe unterrühren. Eiweiß mit 1 El Zucker zu Schnee schlagen und unter die Mohnmasse heben. In eine gefettete Springform (24cm) geben und im 200°C heißen Backofen ca. 20-25 Minuten backen. Für die Orangencreme alle Zutaten zusammen aufkochen und um 1/3 reduzieren. Gelatine einweichen, ausdrücken, zum Orangensaft geben und durch ein Sieb gießen. Abkühlen lassen und 400 g geschlagene Sahne unterheben. Den Mohnsockel in einen Tortenring legen, die Orangen-Ingwercreme darauf geben, glattstreichen und für 2-3 Stunden kühl stellen. Blutorangensaft mit Orangenblüten-Essig und dem Gelierzucker (2:1) aufkochen, abkühlen lassen und über die Creme gießen. Für das Sorbet Wasser und Zucker aufkochen und um 1/3 reduzieren. Essig und Orangensaft dazugeben und in der Eismaschine oder im Gefrierfach gefrieren. Mit einem Ausstecher kleine Törtchen ausstechen, mit Früchten und Orangen-Essig-Sorbet anrichten. Mit Blättchen von Zitronenmelisse garnieren.

Lutz, Beat Lutz

Restaurant „Beat Lutz"

Beat Lutz

Bahnhofstr. 28

D-76829 Landau / Goldramstein

Tel: 0 63 41 – 6 03 33

Fax: 0 63 41 – 96 05 90

e-Mail: info@beatlutz.de

Internet: www.beatlutz.de

*Feldsalat in
Apfelessig-Vinaigrette mit Rote
Bete und Apfelstreifen*

Zutaten Salat

400 g Feldsalat,
1 gekochte Rote Bete,
1 Apfel

Zutaten Apfelvinaigrette

100 ml Apfelessig,
Salz, Pfeffer,
2 El Honig,
1 Schalotte, feingehackt,
50 ml Wasser,
50 ml Distelöl

Zubereitung

Aus den Zutaten eine Vinaigrette herstellen. Das Distelöl langsam unter die Mischung rühren und erst zum Schluß das Wasser zugeben. Den gut geputzten Feldsalat mit der Vinaigrette marinieren und locker gehäuft auf dem Teller anrichten. Mit Streifen von Rote Bete und Apfelspalten garnieren. Kurz vor dem Servieren mit etwas Apfelessig aus dem Essig-Zerstäuber parfümieren.

Pot au feu von Eußerthaler Rauchforelle mit Flußkrebsen und Morcheln

Zutaten

1 Rauchforelle, 500 g Fischkarkassen, Dillstengel, Lorbeerblatt, Gewürzkörner, 1 Lauch, 1 Sellerie, 1 Karotte, 1 Petersilienwurzel, 1 Fenchel, 200 ml Weißwein, 4 Eiweiß (steif geschlagen), 8 Flußkrebse, 16 Spitzmorcheln, Kornblumenblütenessig, Rauten vom Restgemüse

Zubereitung

Aus den gewaschenen Fischkarkassen, den Gräten und Haut der Rauchforelle, Dillstengeln und Lorbeerblatt, den zerdrückten Gewürzkörnern und einem Teil der Gemüse, Wasser und trockenem Weißwein einen Fond ansetzen, der unter häufigem Abschäumen nach höchstens 20-minütiger Kochzeit durchpassiert werden muß, damit der Fond nicht klebrig wird. Dazu die Einlage entfernen und das Eiweiß einrühren. Der aufsteigende Schaum bindet die Trübstoffe und klärt die Fischsuppe beim Durchpassieren. Krebse auslösen und garen. Morcheln einweichen, abtrocknen und in wenig Öl dünsten, mit etwas Essig ablöschen. Die heiße Suppe mit der Einlage von gleich groß geschnittenen Forellenfilets, den Krebsen, den Morcheln und den Gemüserauten anrichten. Intensiver schmeckt das Pot au feu, wenn Forelle und Krebse vorab mit etwas Kornblumenblütenessig mariniert werden.

Halbe Landente aus dem Ofen auf Orangenblütenessig-Sauce

Zutaten

2 Landenten (á ca. 1,8 kg),
200 g Wurzelgemüse
(Lauch, Karotte, Sellerie),
1 Zwiebel,
Salz, Pfeffer,
Lorbeer, Gewürzkörner,
Rosmarin,
Tomatenmark,
Rotwein,
100 ml Orangenblütenessig,
Butterflöckchen

Zubereitung

Die Enten bratfertig machen. Innereien, Flügel und Hals entfernen und davon mit dem Wurzelgemüse, Zwiebel, Lorbeer, Gewürzkörner, Tomatenmark und Rotwein eine kräftige Sauce herstellen. Den Backofen auf 200° C vorheizen. Die Enten innen mit Salz, Pfeffer und Rosmarin und außen nur mit wenig Salz würzen. In das Bratgeschirr etwa fingerdick Wasser füllen und die Enten auf den Seiten einlegen. Nach 30 Minuten Bratzeit auf die andere Seite drehen und nach weiteren 30 Minuten zum Bräunen der Brust auf dem Rücken liegend ca. weitere 30 Minuten fertig braten. Während der gesamten Bratzeit mit dem austretenden Entenfett begießen. Die schön knusprig gebratenen Enten aus dem Bratgeschirr nehmen und etwas ruhen lassen. Die Enten danach halbieren, Brust und Keulen auslösen und zugedeckt im nicht mehr so heißen Ofen (120° C) bereitstellen. Einen Großteil des Bratfetts aus dem Bratgeschirr abgießen, den Bratensatz mit Essig ablöschen, mit der Entensauce auffüllen und etwas einreduzieren. Die Sauce durchpassieren, eventuell nachwürzen und mit frischen Butterflöckchen abbinden. Die Landente zum Schluß mit einer Mischung aus 2 El Honig und Orangenblütenessig nappieren und nochmals für 2 Minuten bei Oberhitze zum Glacieren in den Ofen schieben. Auf der Sauce anrichten. Als Beilage schmecken Schneebällchen und Rahmwirsing.

In Gewürztraminer pochierte Williamsbirne an Funilla-Essig-Sabayon

Zutaten

500 ml Gewürztraminer,
200 g Zucker,
4 Sternanis,
$^1/_2$ Tl Kardamon,
Orangen-/Zitronenschalen,
4 Williamsbirnen

Funillasabayon

2 Eigelbe, 2 Volleier,
50 g Puderzucker,
50 ml Funilla Vanilleessig,
50 ml Gewürztraminer

Zubereitung

Den Gewürztraminer mit Zucker, Sternanis, Kardamon, Orangen-/Zitronenschalen in einen Topf geben und aufkochen. Die längs geschälten Birnen mit Stiel dazugeben und ca. 20 Minuten köcheln lassen. Zugedeckt auskühlen lassen. Für das Sabayon die Eigelbe und Eier mit dem Puderzucker verrühren, bis dieser aufgelöst ist. Mit Essig und Wein verrühren und die Masse unter stetigem Schlagen mit dem Schneebesen im Wasserbad aufschlagen. Wenn der Schneebesen sichtbare Rillen hinterläßt, ist die richtige Konsistenz erreicht. Zum Anrichten die Birne am Boden anschneiden, aufstellen und mit der Sabayon nappieren. Mit dem gekochten Sternanis und den Schalen garnieren. Dazu schmeckt ein Schlückchen Funilla Vanilleessig.

Zum Ochsen, Thomas Engel

Landgasthof-Hotel
„Zum Ochsen"

Thomas Engel

Marktplatz 15

D-76846 Hauenstein

Tel: 0 63 92 – 5 71 + 9 23 30

Fax: 0 63 92 – 72 35

e-Mail: Landgasthof-Zum-Ochsen@t-online.de

Internet: www.Landgasthof-Zum-Ochsen.de

Gegrilltes Rotbarbenfilet mit Pesto von gelben Paprika an Frühlingssalat mit Orangenblütenessig-Vinaigrette

Zutaten
4 Rotbarben à 100 g,
Olivenöl,
Salz, Pfeffer

Zutaten Pesto
50 ml Olivenöl,
50 ml Traubenkernöl,
1 El Zitronensaft,
1 El Orangenblütenessig,
1 gelbe Paprika
(blanchiert, enthäutet),
20g geröstete Pinienkerne,
Pfeffer, Salz, Basilikum,
Knoblauch

Zutaten Frühlingssalat
Verschiedene Salate der Saison,
Dill, Schnittlauch,
Zitronenspalte,
Cocktailtomaten,
6 cl Orangenblütenessig,
10 cl Traubenkernöl,
Salz, Pfeffer, Zucker

Zubereitung
Die Rotbarben einschneiden, würzen und in einer Grillpfanne scharf anbraten. Für das Pesto alle Zutaten mit einem Stabmixer zerkleinern und zu einer sämigen Creme schlagen. Für den Salat den Essig, das Traubenkernöl, Salz, Pfeffer und Zucker zu einer Vinaigrette verschlagen. Die marinierten Salatblätter auf den Teller setzen, das Rotbarbenfilet anlegen, mit Tomaten, Zitrone und Pesto dekorieren.

Wildkräuter-Ravioli mit Gemüseragoutfüllung und Schnippelbohnen in Schaumsauce von Casanova-Essig

Zutaten Ravioliteig

250 g griffiges Weizenmehl,
1 El Wasser,
1 Tl Öl,
5 g Salz,
gehackte Wildkräuter,
3 Eigelb

Zutaten Füllung

80 g feine Karottenwürfel,
80 g Zucchiniwürfel,
80 g Selleriestreifen,
1 El Casanova-Essig

Zutaten Bohnen in Schaumsauce

200 g Bohnen,
20 g Zwiebelwürfelchen,
20 g Speckwürfelchen,
20 g Butter,
100 ml Gemüsefond,
100 ml Sahne,
6 cl Casanova-Essig,
Salz, Pfeffer

Zubereitung

Für den Nudelteig alle Zutaten gut vermischen und eine Stunde ruhen lassen. Mit der Nudelmaschine ausrollen und ausstechen. Für die Füllung Gemüse in etwas Butter anschwitzen, mit etwas Salz, Pfeffer und Casanova-Essig abschmecken. Füllung aufbringen, Deckel mit Eigelb bestreichen, auftragen und in Salzwasser blanchieren. Bohnen in feine Streifen schneiden und kurz blanchieren. Mit Zwiebel- und Speckwürfelchen anschwitzen. Für die Schaumsauce Butter zerlaufen lassen, mit Gemüsefond auffüllen, Sahne zugeben und gut aufkochen. Mit Essig und Gewürzen abschmecken. Vor dem Servieren schaumig aufschlagen. Zum Anrichten die Bohnen in die Tellermitte plazieren, die Ravioli auf die Bohnen setzen und mit der Sauce nappieren.

Rehrücken im Wirsingmantel mit glacierten roten Zwiebeln und Apfel-Kartoffel-Gratin

Zutaten Rehrücken

*4 schiere Rehrückenfilets, Salz, Pfeffer
Farce: 100 g schieres Wildfleisch,
80 g Sahne, 8 blanchierte Wirsingblätter,
Schweinenetze, Pfeffer, Salz, Thymian
glacierte Zwiebeln: 3 rote Zwiebeln,
Olivenöl, 8 cl Rotwein, 1 El Kastanienhonig, 4 cl Portugieser Essig mit Kastanienhonig*

Zutaten Apfel-Kartoffel-Gratin

*1-2 Kartoffeln, Butter, Knoblauchwürfelchen, 1 Apfel, 200 ml Sahne,
Salz, Pfeffer, geriebener Käse
Sauce: 200 ml Wildjus, 4 cl Portugieser Essig mit Kastanienhonig*

Zubereitung

Den Rehrücken scharf anbraten, mit Salz und Pfeffer würzen. Für die Farce das Wildfleisch würfeln und mit den anderen Zutaten im Schnetzelwerk zu einer geschmeidigen Farce verarbeiten. Rehfilets mit der Farce bestreichen, in Wirsing einwickeln und mit dem Schweinenetz umhüllen. Bei 200°C acht Minuten im Backofen garen, danach fünf Minuten ruhen lassen. Die Zwiebeln in Streifen schneiden, in Olivenöl anschwitzen, mit Rotwein ablöschen. Mit Kastanienhonig glacieren, mit dem Essig ablöschen, gut einreduzieren und glasig schwitzen. Für das Gratin die Kartoffeln in feine Scheiben schneiden, eine Gratinform ausbuttern und mit Knoblauch bestreuen. Apfel in feine Scheiben schneiden und abwechselnd mit den Kartoffelscheiben fächerförmig einschichten. Mit Käse bestreuen und bei 180°C etwa 30 Minuten gratinieren. Jus mit dem Essig aufkochen und fünf Minuten einreduzieren. Reh in Scheiben, mit Gratin und Zwiebeln auf den Teller geben. Mit Jus nappieren.

Parfait von Pfälzer Weinbrand mit Früchten und Sabayone von Hochzeitsbalsam-Essig

Zutaten Parfait

80 ml Milch,
1 Vanilleschote (Mark),
4 Eigelb,
50 g Zucker, 1 Tl Vanillezucker,
100 ml Weinbrand,
800 ml geschlagene Sahne,
Früchte nach Wahl/Saison

Zutaten Sabayone

1 Eigelb, 10 g Puderzucker,
4 cl Hochzeitsbalsam-Essig,
40 ml Gewürztraminer

Zubereitung

Milch mit Vanilleschote aufkochen. Zucker und Eigelb schaumig schlagen, zur Rose abziehen, über dem Wasserbad abkühlen lassen, Weinbrand und Sahne unterheben, in einer Form ca. 4 Stunden gefrieren lassen. Für die Sabayone das Eigelb mit dem Puderzucker schaumig schlagen, Essig und Wein beifügen und schaumig rühren. Parfait ausstechen, mit Früchten garnieren und die Sabayone angießen.

Sonnenhof, Matthias Goldberg

Hotel-Restaurant
„Sonnenhof"

Inh. Matthias Goldberg, Volker Krug

Mühlweg 2

D-76833 Siebeldingen

Tel: 0 63 45 – 33 11

Fax: 0 63 45 – 53 16

e-Mail: info@soho-siebeldingen.de

Internet: www.soho-siebeldingen.de

*Geschmorter grüner Spargel mit
Jakobsmuscheln und gebratenem Bauernspeck
an Balsam of Roses-Essig-Sabayon*

Zutaten Spargel mit Jacobsmuscheln

500 g grüner Spargel,
Traubenkernöl,
pro Person 3 Jakobsmuscheln,
150 g Tiroler Bauernspeck

Zutaten Sabayon

0,1 l Fischfond,
0,1 l Weißwein,
2 El Balsam of Roses-Essig,
1 Ei

Zubereitung

Den Spargel schälen und bißfest kochen, halbieren, längs teilen und in etwas Traubenkernöl leicht anbraten. Für die Sabayon Fischfond mit dem Weißwein zur Hälfte einreduzieren, zwei El Balsam of Roses zugeben, aber nicht mehr kochen. Ein Ei mit einem Spritzer Weißwein warm aufschlagen und vorsichtig in die Reduktion einrühren. Abschmecken. Muscheln putzen und kross anbraten. Speck ebenfalls kurz anbraten, beides auf den Spargeln anrichten und mit der Sabayon nappieren.

Klare Apfelessig-Suppe mit Kalbsbriesknödel

Zutaten Apfelessig-Suppe

2 l Geflügelfond,
2 Äpfel,
2 Eiweiß,
5cl Apfelessig,
$1/2$ Sellerieknolle

Zutaten Kalbsbriesknödel

800 g Pellkartoffeln vom Vortag,
280 g Mehl, 1 Ei,
500 g Kalbsbries
150 g Putenleber,
2 Eigelb, 0,2 l Sahne,
Salz, Pfeffer,
Thymian, Muskat

Zubereitung

Die Äpfel und die Sellerie zu Perlen ausstechen und kurz blanchieren. Die Überreste der Äpfel fein reiben, mit Eiweiß vermischen und in die Brühe mit dem Apfelessig geben. Zum Klären aufkochen lassen, bis sich der Schaum absetzt. Zum Schluß durch ein Tuch passieren und anrichten. Für die Knödel Kartoffeln durchpressen, mit dem Mehl und dem Ei zu einem geschmeidigen Teig kneten. Mit Salz, Pfeffer und Muskat würzen. Kalbsbries $1/2$ Std wässern, danach in Salzwasser blanchieren und auskühlen lassen. Leber, 2 Eigelb und 0,2l Sahne im Fleischwolf zerkleinern und daraus eine Farce herstellen, mit Salz, Pfeffer und Thymian würzen. Kalbsbries zu Röschen zupfen und unter die Farce geben. Danach zu Kugeln formen und in den Kartoffelteig einschlagen, in Salzwasser blanchieren und in heißer Butter schwenken. Danach aufschneiden und mit den Apfelperlen der Suppe zugeben.

Sauerbraten vom Kaninchen in Orangenblütenessig geschmort mit Chicoree und Ziegenkäse Quiche

Zutaten Sauerbraten
1 Kaninchenkeule, Kaninchenknochen, Salz, Pfeffer, Thymian, Orangenblütenessig, Farce von Schweinenetz gewässert, Gemüse (Schalotten, Karotten, Sellerie, Lauch), Roséwein, Geflügelbrühe, Dörr-Aprikosen, Weißwein

Zutaten Chicoree
1 Chicoree, Salz, Pfeffer, Thymian, Zitronensaft, Knoblauch

Zutaten Quiche mit Ziegenfrischkäse
Teig
250 g Mehl, 1 Prise Salz,
20 g Hefe,
$1/8$ l Milch,
1 Ei, 1 Eigelb,
30 g Butter

Zutaten Füllung
200 g Ziegenfrischkäse,
1 Ei, 1 Eigelb,
1 Zweig Thymian,
Schnittlauch, Salz, Pfeffer

Zubereitung
Die Kaninchenkeule mit den Gewürzen einreiben und in Orangenblütenessig 24 Stunden marinieren. Danach mit Farce füllen und in ein Schweinenetz einschlagen. Scharf anbraten und im Ofen bei 120°C ca. 45 Minuten garen. Für die Sauce Kaninchenknochen mit Gemüse anrösten, mit Roséwein ablöschen, mit Geflügelbrühe auffüllen und $1/2$ Stunde köcheln lassen. Abseihen, entfetten, um die Hälfte einkochen lassen und mit Mondamin abbinden. Dörr-Aprikosen in Wasser und in Weißwein einlegen und nach dem Durchziehen in Butter geschmort als Zugabe zur Sauce geben. Den Chicoree halbieren und Strunk herausschneiden. Mit Salz, Pfeffer, Thymian, Zitronensaft und gehacktem Knoblauch würzen. In einen Vakuumbeutel füllen und vakuumiert in sprudelndes Wasser geben. Ca. 12 Minuten ziehen lassen. Dann herausnehmen, im Vakuumbeutel auskühlen lassen. Als Beilage zum Kaninchen reichen. Für die Quiche Hefe in wenig warmer Milch auflösen, da-nach alle Zutaten mischen und zu einem geschmeidigen Teig kneten. Den Teig gehen lassen. Dann kalt stellen. Den ausgekühlten Teig in gebutterte und gemehlte Formen ausrollen. Die Masse vom Ziegenfrischkäse aufstreichen und bei 180° C etwa 10 Minuten backen. Für die Füllung den Frischkäse mit den Eiern vermischen. Thymian fein hacken, Schnittlauch fein schneiden. Alles unter die Masse geben und mit Salz und Pfeffer abschmecken.

Tarte von Crème brûlée mit Ginseng-Essig, Rosmarineis und Schokoladen-Ingwer-Mousse

Schokoladen-Ingwer-Mousse

Zutaten

300 g Bitterkuvertüre (gehackt),
2 Eier, 60 g Zucker,
2 Blatt Gelatine eingeweicht,
500 g Sahne,
40 g frisch geriebener Ingwer
(in Läuterzucker aufgekocht)

Zubereitung

Für die Mousse Kuvertüre schmelzen, Eier mit Zucker und der Hälfte des Ingwers im Wasserbad aufschlagen. Gelatine in aufgeschlagener Ei-Masse verrühren, danach die geschmolzene Kuvertüre und den restlichen Ingwer unterrühren. Zuletzt geschlagene Sahne unterheben und kalt stellen.

Gâteau von Crème Brûlée mit Ginseng-Essig

Zutaten

Boden
250g Mehl,
1 Prise Salz, 40 g Zucker,
20 g Hefe, 1/8 l Milch,
1 Ei, 20 g Butter

Ei-Masse
1/2 l Milch, 1/2 l Sahne,
100 g Zucker, 6 Eier, 4 Eigelb,
40 ml Ginseng-Essig

Zubereitung

Für den Boden Vorteig aus Hefe, Zucker, Milch und etwas Mehl herstellen und etwa 10 Minuten gehen lassen, danach restliche Zutaten zugeben und zu einem homogenen Teig verkneten. Im Ofen vorbacken. Für die Ei-Masse alle Zutaten miteinander mischen, im Wasserbad zur Rose abziehen, auf den vorgebackenen Boden geben und bei 160° C im Backofen garen.

Rosmarin-Eis

Zutaten

5 Rosmarinzweige,
500 ml Sahne,
500 ml Milch,
6 Eier, 4 Eigelb,
120 g Zucker

Zubereitung

Rosmarin mit Sahne, Milch und 60 g Zucker aufkochen. Die Eier mit restlichem Zucker warm aufschlagen. Warme und passierte Milch/Sahne über die aufgeschlagene Eimasse geben und zur Rose abziehen. Danach einfrieren.

Hotel-Restaurant
„Waldhaus Wilhelm"

Günter Wilhelm

Kalmithöhenstr. 6

D-67487 Maikammer

Tel: 0 63 21 – 5 80 44

Fax: 0 63 21 – 58564

e-Mail: info@waldhaus-wilhelm.de

Internet: www.waldhaus-wilhelm.de

„Bon Bon" von Kaninchen mit Dinkel-Lauchsalat in Jasminblütenessig

Zutaten Bon Bon

6 kleine Kaninchenfilets,
Salz, Pfeffer, Muskat,
40 g Dörrfleisch,
1 mittlere Schalotte,
300 g Pilze der Saison (gemischt),
2 Scheiben Toastbrot,
1 Ei, 2 El Sahne,
1 El gehackte Petersilie,
6 Frühlingsrollenblätter

Zutaten Dinkel-Lauchsalat

1/2 Stange Lauch,
6 Kirschtomaten,
120 g Dinkelweizen, ganz,
2 El Jasminblütenessig,
6 El Traubenkernöl,
1/2 Tl Senf de Senf,
1 Prise Zucker, Salz, Pfeffer

Zubereitung

Filets würzen, die Spitzen einschlagen, damit eine gleichmäßige Form entsteht. Anbraten und zum Abkühlen auf die Seite stellen. Dörrfleisch und Schalotten feingewürfelt mit den gewürfelten Pilzen in wenig Fett anschwitzen, bis die austretende Flüssigkeit einreduziert ist. Abkühlen lassen. Das Toastbrot entrinden, zerbröseln und mit Ei, Sahne und Petersilie vermischen und kräftig würzen. Die Frühlingsrollenblätter mit der Pilzmasse bestreichen, die Kaninchenfilets auflegen und vollständig mit Pilzmasse einhüllen. Einrollen. Die überstehenden Ränder mit Ei- Milch bepinseln, die Enden in Bonbon-Form zusammendrehen und ca. 3 Minuten in heißem Fett schwimmend ausbacken. Für das Salatdressing Essig, Öl, Senf, Salz Pfeffer und Zucker vermischen. Den Lauch in 5 cm und diese in feine Streifen schneiden. Tomaten halbieren, entkernen und in feine Streifen schneiden. Den Dinkel in 360 ml Salzwasser geben und etwa 15-20 Minuten köcheln lassen. Vom Herd nehmen und mit Deckel noch etwa 20 Miuten. ziehen lassen. Danach mit kaltem Wasser abspülen und mit den Tomaten und dem Lauch in eine Schüssel geben. Das Dressing darübergeben und unterziehen.

Röllchen vom Welsfilet auf sautierten Radieschen an Brennesselessig-Koriandersauce

Zutaten

600 g Welsfilet,
250 g Radieschen,
1 mittlere Schalotte,
Salz, Pfeffer
400 ml Fischfond,
200 ml Sahne,
100 ml trockener Weißwein,
1 Sträußchen Koriander,
1-2 cl Brennesselessig,
$1/3$ Zitrone,
Butterschmalz zum Braten,
60 g Wildreis

Zubereitung

Filet der Länge nach in 1 cm breite Streifen schneiden, wie eine Schnecke aufrollen und mit einem Spieß fixieren. Radieschen in 2 mm dicke Scheiben schneiden, mit den Blättern kurz ansautieren und würzen. Für die Sauce den Fischfond mit der Sahne und dem Weißwein aufkochen, mit etwas Mehlbutter andicken. Eine Hälfte der Sauce in einen Mixer geben und mit grob gehacktem Koriander mixen, bis sie eine schöne grüne Farbe hat. Die andere Hälfte der Sauce mit dem Brennesselessig abschmecken. Beide Saucen mischen. Den Fisch mit Zitronensaft beträufeln, mit Salz und Pfeffer würzen, in Mehl wenden und in Butterschmalz beidseitig goldbraun braten. Die Radieschen in die Mitte des Tellers geben, den gekochten Wildreis in kleinen Portionen um die Radieschen setzen, die Sauce angießen, den Fisch auf den Radieschen plazieren, den Spieß entfernen und mit Koriandergrün garnieren.

Steak vom Straußenfilet auf sautiertem Gemüse und Vierräuber-Essig-Jus

Zutaten

900 g buntes Gemüse der Saison,
4 mittlere Kartoffeln,
40 g Zucker,
6 Schalotten,
$1/4$ l Dornfelder Rotwein,
Bratenjus,
2-3 cl Vierräuber Balsam Essig,
20 g Butterschmalz,
Chillischoten nach Belieben,
6 Steaks vom Straußenfilet
(je 150 g)

Zubereitung

Geputztes Gemüse in nicht zu grobe Stücke schneiden. Kartoffeln schälen und in 3 mm dicke Wellenformen schneiden. Für die Sauce Zucker in einem Topf leicht karamelisieren lassen, die Schalotten dazu geben und mit dem Rotwein ablöschen. Das Ganze auf die Hälfte einreduzieren, mit dem Bratenjus auffüllen und abschmecken. Die Sauce durchpassieren und warmstellen. Das Gemüse im Butterschmalz anschwitzen, Chillischoten dazugeben und abschmecken. Die Kartoffel mit dem restlichen Butterschmalz auf beiden Seiten goldbraun anbraten. Fleisch auf beiden Seiten anbraten, 6 Minuten bei 180°C in den Backofen schieben, danach den Ofen abschalten, die Tür einen kleinen Spalt offen lassen. Vor dem Anrichten würzen. In der Zwischenzeit das Gemüse auf den Teller geben, auf die eine Seite die Kartoffeln fächerförmig ausbreiten, auf der anderen Seite die mit kalten Butterflöckchen und Vierräuber Balsam Essig vollendete Jus geben, der Essig sollte nicht mehr kochen. Das Straußenfleisch aufschneiden und fächerförmig an das Gemüse legen.

Funilla Vanilleessig-Eis mit glacierten Dampfnudeln

Zutaten Eis
1/4 l Milch,
1/2 Vanilleschote,
1/4 l Sahne,
120 g Zucker,
4-6 cl Funilla Vanilleessig

Zutaten glacierte Dampfnudeln
60 g Zucker,
300 ml Orangensaft,
2 cl Grand Marnier,
50 g Butter,
2 Dampfnudeln,
Früchte nach Wahl/Saison

Zubereitung
Für das Eis die Milch, Vanilleschote und Sahne aufkochen. Eigelb und Zucker schaumig schlagen, in die Milch geben und zur Rose aufschlagen. In die erkaltete Masse den Essig einrühren und in der Eismaschine gefrieren. Für die glacierten Dampfnudeln Zucker in der Pfanne schmelzen lassen, mit Orangensaft ablöschen und kochen lassen, bis der Zucker sich gelöst hat, Grand Marnier und Butter einrühren. Vom Herd nehmen. Dampfnudeln in Scheiben schneiden, auf beiden Seiten anbraten, mit der Glasage übergießen, wenden und anrichten. Mit Früchten garnieren, das Eis dazugeben und servieren.

Café Sixt, Christoph Vogel

Café Confiserie „Sixt"

Familie Sixt-Vogel

Hauptstraße 3

D-67433 Neustadt an der Weinstraße

Tel: 0 63 21 – 21 92

Fax: 0 63 21 – 3 17 15

e-Mail: sixt-vogel@t-online.de

Internet: www.cafe-confiserie-sixt.de

„Kein zweites Mal hat die Natur eine solche Fülle der wertvollsten Nährstoffe auf einem so kleinen Raum zusammengedrängt, wie gerade in der Kakaobohne"

Alexander v. Humboldt

In unseren Händen liegt die Energie und die Begeisterung für das zu Schaffende.

Das Geheimnis der Verwendung der Kakaobohnen und die Rezepturen bester Schokolade waren schon immer von einem besonderen Mythos umgeben.

Feurig und kräftig muß sie sein, voll im Aroma und duftig im Geruch. So räkeln sich noch heute Chocoladiers der ganzen Welt um das süße Bittere.

Um daraus Pralinen mit einem Hauch von Essig werden zu lassen, braucht es besondere Ingredenzien und hohes handwerkliches Können.

Feinste Kuvertüre wird in einen großen Kessel gegeben und auf dem Herd ganz langsam erwärmt. Dabei sollte immer gut umgerührt werden, damit nichts anbrennt und somit der Geschmack der Schokolade beeinträchtigt wird.

Mit einer Schöpfkelle wird die temparierte Schokoladenmasse in kleine Rundformen gegossen und äußerst behutsam langsam in sich gedreht. Eine zweite Rundform wird übergestülpt und weiter mit drehenden Bewegungen wird eine kleine Kugel geformt.

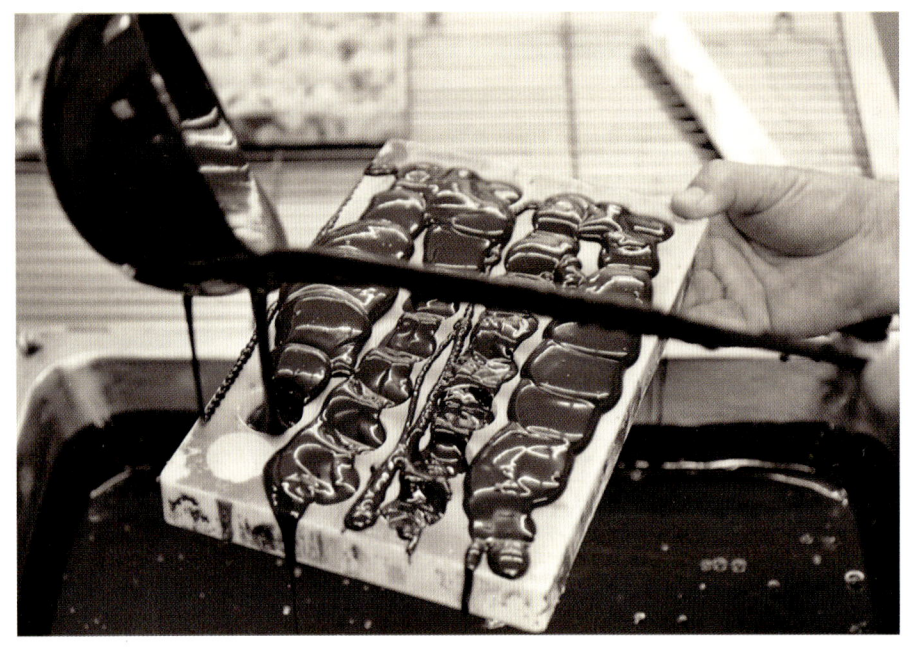

Ein Zuviel an Schokolade läuft durch eine kleine Öffnung ab und so entstehen runde Hohlkörper in Trüffelform.

Warme Kuvertüre hat einen wundersamen Duft nach vielen verschiedenen Gewürzen wie Vanille, Zimt, Kardamon und erzeugt eine unvorstellbare Lust auf eine dieser werdenden Pralinen.

Die Paletten sollen abkühlen und werden vorsichtig aufgeklappt. Hier zeigt sich Geschick und die hundertfache Übung des Meisters.

Die Rohpralinen sind wunderschön in der Hülle und werden nunmehr langsam Stück für Stück herausgenommen.

Christoph Vogel – Routinier und leidenschaftlicher Pralinier mit der Hingabe der traditionellen Künste – kommt ohne große Maschinen aus. Für ihn sind die Zutaten und das langsame Entstehen der Köstlichkeiten das Wichtigste.

Durch die sorgfältige Handarbeit ohne Hast und Eile entstehen kulinarische Delikatessen.

Die Schokoladenhohlkörper sollen nun das säuerlich süsse Geheimniss – die Schokoladen-Essig-Canache – aufnehmen.

Es ist ein köstliches Abenteuer, feine Schokolade mit guter Sahne, etwas Zucker und reichlich Orangenblütenessig zu vereinen und daraus eine wohlduftende Creme werden zu lassen. Diese wird mit Hilfe einer kleinen Handmaschine in die runden Hohlkörper eingegossen.

Zum grandiosen Schluß werden nunmehr wieder Schokoladenstücke verflüssigt und mittels eines „Gitters" auf die gefüllten Pralinen aufgebracht.

Auch dies bedarf seiner Zeit, damit jede der Trüffel nicht nur gut schmecken, sondern auch schön anmutet.

Um nun die frischen Trüffel-Pralinen genießen zu können, müssen sie zunächst abkühlen. Während des Wartens, steigen die duftigen Aromen in die Nase.

Nun kann man die fertigen Essigpralinen als köstliche Delikatesse auf dem Gaumen zergehen lassen.

Nach einem erholsamen Essigbad oder einer Essig-Schlammpackung sollte der Körper ruhen, um die durch den Essig aufgenommenen wertvollen Inhaltsstoffe wirken zu lassen.

Wellness-Essig für Körper und Seele

Man kann Essig in erholsamen Wellness-Bädern und Essig-Schlammpackungen äußerlich anwenden, durch den täglichen Genuss als Beigabe zur Nahrung seinen gesamten Körper vitalisieren oder Essig einfach inhalieren, um die Atemwege zu stärken.

Wellness-Essig für Körper und Seele

Gesund durch Essig

In der Volksmedizin und Naturheilkunde kennt man schon lange die vielfältigen therapeutischen Möglichkeiten des Weinessigs. Essig besitzt eine Fülle von Inhaltsstoffen, die sich positiv auf den menschlichen Organismus auswirken. So gehören zu den wesentlichen Bestandteilen von Essig neben der Essigsäure vor allem organische Säuren, Mineralstoffe, Eiweißstoffe, Kohlenhydrate, Vitamine und flüchtige Verbindungen.

Die wesentlichen Aminosäuren im Weinessig sind Alanin, Arginin, Cystin, Glycin, Glutaminsäure, Isoleucin, Lysin, Methionin, Phenylalanin, Threonin, Tryptophan, Tyrosin, Serin. Darüber hinaus enthält Weinessig eine Fülle an Vitaminen, z.B. das Riboflavin, Nicotinamid und Panthothensäure.

Der berühmte Natur- und Verhaltensforscher Ivan Pawlow legte den Grundstein zur Erforschung von Essig und seiner Wirkung auf die menschliche Gesundheit. Ausgehend von der Beobachtung, dass Menschen gerne saure Speisen essen, gelang es Pawlow nachzuweisen, dass Essig die Bauchspeicheldrüse zu einer vermehrten

Produktion der Verdauungssäfte anregt, wovon folglich die gesamte Verdauung profitiert.

Mehrere Naturheilspezialisten und der Essigmacher Georg Heinrich Wiedemann entwickelten gemeinsam eine spezielle Weinessigzubereitung mit phytotherapeutischen Substanzen. Diese enthält Pflanzenstoffe, die in der Verbindung mit dem Weinessig eine heilsame, unterstützende Wirkung auf verschiedene Funktionen des Körpers ausüben.

Bei der Herstellung dieses Weinessigs ist es wichtig, das Aroma des Essigs mit Hilfe von Kräutern, Früchten und Honig abzurunden, damit die verschiedensten Gerichte durch Hinzufügen der geeigneten Essigsorte verfeinert werden und die Speisen einen besonders gaumenschmeichelnden Geschmack erfahren.

Essig war in fast allen alten Kulturen bekannt. In China beispielsweise galt der Essigkrug als Symbol des Lebens. Die Historie belegt weiterhin, dass die heilende Wirkung des Essigs im Zusammenwirken mit ausgesuchten Pflanzen bereits von den Ägyptern, Griechen, Indern und im früh-mittelalterlichen Reich Karls des Großen praktiziert wurde Alte Schriften belegen, dass die Medizinmänner und Heilkundigen um die wundervolle Heilwirkung des Essigs wußten.

Wellness-Essig für Körper und Seele

Heutige Untersuchungsergebnisse japanischer Forschungsinstitute belegen, dass ein hochwertiger Essig fünfmal mehr Aminosäuren enthält als ein industrielles Produkt.

Essigsäure, wie sie in hochwertigem Weinessig vorkommt, ist ein ganzheitlich natürlicher Bestandteil der menschlichen Stoffwechselvorgänge und wird vom Körper selbst in ganz beträchtlichem Maß produziert.

Immerhin an die 100 Gramm Essigsäure werden vom Organismus täglich verbraucht. Bei einem erwachsenen Menschen mit konstantem Körpergewicht, der täglich etwa soviel Kalorien zu sich nimmt wie er verbraucht, wird nahezu der gesamte Fettsäureanteil der aufgenommenen Fette mit Hilfe von Essigsäure für den Stoffwechsel aktiviert. Etwa 2 g Essigsäure werden für 1 g Fettsäure benötigt. Aus 1 g Kohlenhydraten entstehen im Körper 0,6 g aktivierte Essigsäure.

Essig kurbelt aber nicht nur die Verdauung an und beschleunigt die Fettverbrennung, sondern reduziert auch das Verlangen des Körpers nach Süßigkeiten. Dies hängt vermutlich damit zusammen, dass durch Essig die Nahrungsverwertung im Körper effizienter und insgesamt gesünder wird, was wiederum den Appetit auf ungesundes Essen bremst und auf verträgliche Speisen verstärkt.

Wellness-Essig für Körper und Seele

Der Bade – Heilessig

Essig hat auch als Schönheitsmittel Tradition: die angeblich schönste Frau ihrer Epoche, Lukrezia Borgia, pflegte jeden Morgen in Essig zu baden, weil sie davon überzeugt war, nur so garantiert frisch zu sein und schön zu bleiben. Aromatische Bäder sind also keineswegs eine Errungenschaft der Neuzeit. Auch Kleopatra hat den Essig als Schönheitsmittel geschätzt. Sie badete in Eselsmilch und erfrischte sich mit Essig-Essenzen.

Die reichen römischen Potentaten wußten, neben der Verwendung in der Küche, den Essig ebenfalls als heilbringenden Badezusatz einzusetzen. Die medizinischen Aspekte der äußeren Anwendung von Essig kennen wir von Sebastian Kneipp, der Waschungen mit Wasser und Essig empfahl. Heute weiss man, warum aromatische Essenzen bei äußerlichem Gebrauch, und hier vor allem bei Bädern, so stark wirken: innerhalb von wenigen Minuten durchdringen sie die Hautschichten und gelangen in den Blutkreislauf, von wo aus sie auf das Gewebe, die Organe, unsere endokrinen (nach innen absondernde) Drüsen, kurz gesagt, auf unseren Organismus in seiner Gesamtheit wirken.

Das Doktorenhof-Heilessigbad ist eine gemeinsame Entwicklung von Georg Heinrich Wiedemann und Naturheilpraktikern. Es besteht aus Weinessig, der aus hochwertigen Weinen hergestellt und mit speziell wirksamen Käutern angereichert wird. In der Naturheilpraxis hat es sich als Teil-/Vollwertbad und zur Verwendung von Wickeln und Massagen erfolgreich bewährt. Das Heilessigbad vitalisiert die gestreßte und durch Umweltbelastung (Smog, UV-Strahlen) angegriffene Haut, neutralisiert ihren ph-Wert und glättet die obere Hautschicht. Auch nach einem ausgiebigen Sonnenbad sowie bei schmerzenden Muskeln bringt ein Heilessigbad Linderung und Entspannung.

Wellness-Essig für Körper und Seele

Der Heilpflanzenessig

„Ein säuerlicher Schluck – auf Ihre Gesundheit!"

Der Doktorenhof-Heilpflanzenessig ist eine Komposition von besten gutseigenen Weinen und natürlich gereiften Heilpflanzen. In alten Holzfässern werden die Blüten, Blätter und Früchte mit den zu Essig gewordenen Weinen über längere Zeit zur Extraktion eingelagert. Schon Hildegard von Bingen, Nostradamus und Florenz von Venningen haben in ihren Schriften und Büchern über die heilende Wirkung dieser Pflanzen berichtet und deren Verwendung immer wieder empfohlen. Mistelkraut, Mädesüß, wilder Hopfen, Löwenzahn, Lindenblüten, Steinklee, Huflattichblüten, Johanniskraut, Pfefferminze, Rosmarin, Artischocken, Orangenschalen,

Jasminblüten und Zimtrinde geben dem Heilpflanzenessig seine milden Düfte und die wohltuende Wirkung. Der Heilessig kann die Sekretion der Speicheldrüsen anregen. Nährstoffe können besser aufgenommen und deren Inhalte ausgeschöpft und verwertet werden. So hilft er, den gesamten Stoffwechsel zu aktivieren und ist dadurch eine wertvolle, natürliche Ergänzung zu unserer Ernährung. Ärzte und Heilpraktiker haben festgestellt, dass sich nach einer 8-wöchigen Kur das gesamte Verdauungsspektrum wesentlich verbessert. Die positiven Eigenschaften des Heilpflanzenessigs können die Bauchspeicheldrüsen sowie das Pilz- und Bakterienspektrum günstig beeinflussen. Damit nichts von diesen ätherischen Wirkstoffen verloren geht, wird der Heilessig ohne Filtration in besondere Flaschen gefüllt.

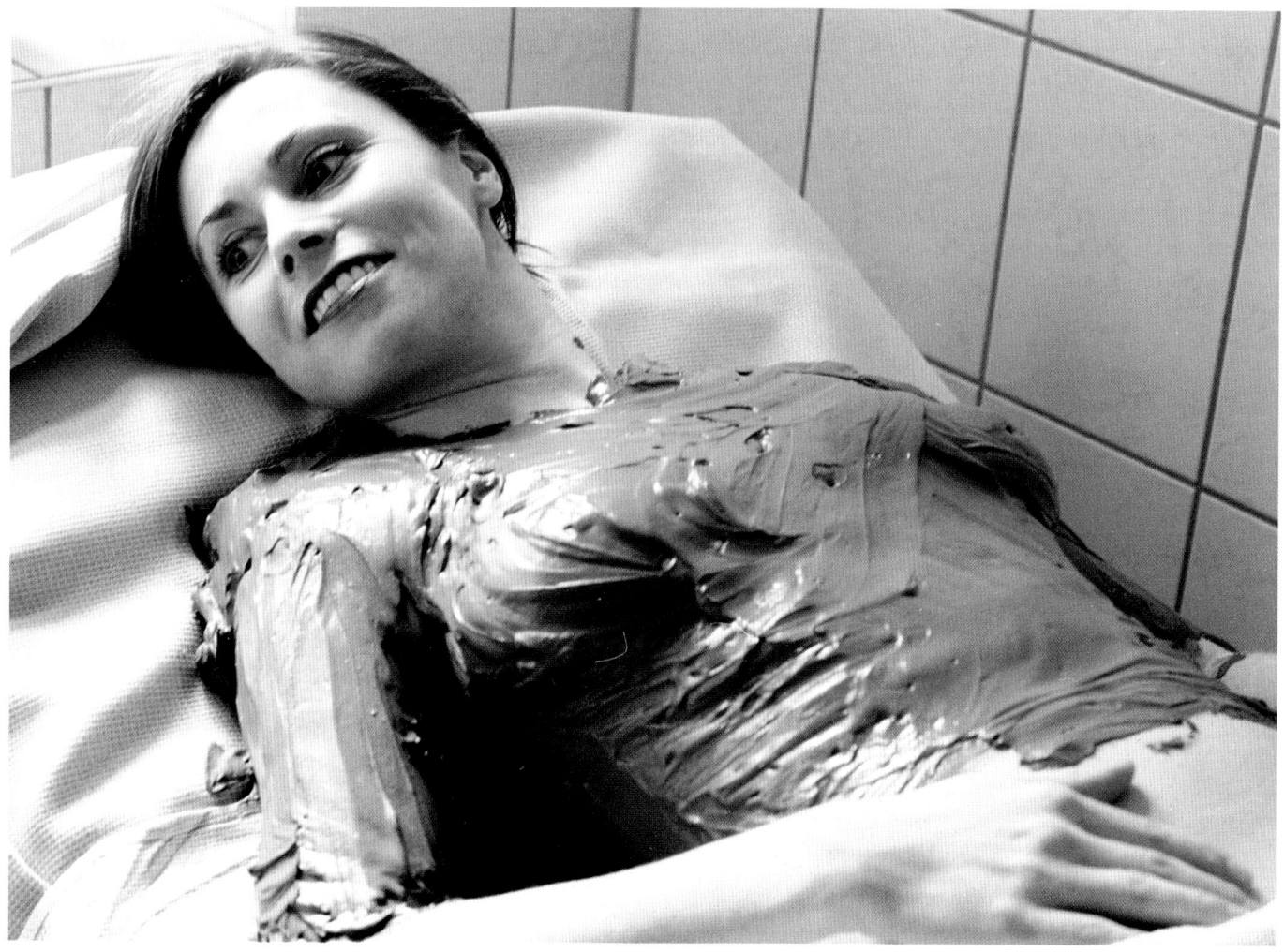

Wellness-Essig für Körper und Seele

Der Inhalationsessig

„Ein Hauch „saure" Gesundheit"

Ausgehend von Überlieferungen, aber auch gestützt auf Erfahrungen aus dem eigenen Essiggärungskeller, entwickelte Georg Heinrich Wiedemann in Zusammenarbeit mit erfahrenen Naturärzten einen Heilessig zum Inhalieren. Im 16. Jahrhundert schützten sich

die Menschen mittels Essig, den sie in ihren Räumen verdunsten ließen, vor den Pestbakterien. In Essigfabriken fand man heraus, dass die Arbeiter deutlich weniger an Atemwegserkrankungen leiden. Die säuredurchtränkte Luft mit den Aromastoffen und Aminosäuren übt eine positive Reizwirkung auf die Atemwege aus. Dies führt zu einer Sekretionssteigerung und vermehrten Durchblutung der Atemwegsschleimhäute.

Wie durch kontinuierliche Anwendung festgestellt wurde, verhindert und hemmt der Inhalationsessig auf Grund seiner bakteriziden Wirkung das Wachstum der meisten pathogenen Keime und Rachen- und Atemwegsraum. Dadurch ist auch ein Einnisten der Mikroorganismen nicht mehr möglich.

Wellness-Essig für Körper und Seele

Das Kraut des heiligen Damian

Die Maya-Indianer nannten das unscheinbare Kraut „mis kok", was soviel heißt wie „Asthma-Besen". Asthma war für die Maya eine Krankheit, die von bösen Winden in den Körper getragen wurde. Sie sahen dies als eine Art Besessenheit, die nur in Kombination von Ritualen und Kräutern geheilt werden konnte. Der Asthmawind nimmt vom Körper Besitz, atmet seine Luft und schwächt seine Glieder. Er bringt nicht nur Atemnot und Depressionen, er macht auch impotent und zerstört die sexuelle Lust. Das Damianakraut heilt nicht nur den Asthmakranken, es bringt ihm auch die Lebensfreude wieder. Interessanterweise haben auch Mediziner anderer Völker diese Erkenntnisse gewonnen und auch festgestellt, dass viele der Kräuter, die Asthmaanfälle lindern, gleichzeitig aphrodisisch wirken. Entdeckt wurde das Kraut für die christliche Welt von dem Missionar Juan Maria de Salvatierra Ende

des 17. Jahrhunderts bei einem Aufenthalt in Mexico. Der spanische Geistliche benannte das Kraut nach dem Märtyrer Damian, dem Schutzpatron der Apotheker. Der Name Damianakraut setzte sich weltweit durch. Auch heute noch ist Mexiko das Zentrum des Damiana-Anbaus. Es wächst dort wild und wird gewerblich gesammelt und in riesigen Mengen in alle Welt exportiert. Es wird zermahlen und in Gelatinekapseln gefüllt, als Ergänzung zur täglichen Nahrung auf dem Markt rezeptfrei verkauft. Das Kraut enthält ein ätherisches Öl mit Cineol, Cymol und Pinen, verschiedene desinfizierende Substanzen, den Bitterstoff Damianin, Tannin, Arbutin, Blausäureglycosid, Stärke und Harz. Ein Gesamtauszug wirkt nervenstärkend, tonisierend, harntreibend, entkrampfend (etwa bei Menstruationsbeschwerden).

Die Essigmacher vom Doktorenhof haben das Damianakraut in besonders mildem Weinessig eingebunden. Es wird empfohlen, den Damiana-Essig verdünnt mit frischem Wasser täglich zwischen den Mahlzeiten zu trinken.

Geschmorte Nieren mit Kochbananen an Damiana-Essig

Die Kochbananen

Die Kochbananen sind bei den südamerikanischen Völkern, ähnlich der Kartoffel, ein Grundnahrungsmittel. Sie sind sehr stärkehaltig und roh nicht genießbar. Die Nieren müssen gewässert werden, damit der Geschmack ihrer natürlichen Funktion gemildert wird. Es empfiehlt sich, das Fleisch in Wasser mit Damiana-Essig einzulegen, damit der eigene Geschmack erhalten bleibt.

Zutaten

4 große Schweinenieren,
3-4 El Maiskeimöl,
2-3 große Kartoffeln
(fein gewürfelt),
1 mittelgroße Zwiebel
(fein gehackt),
1 Chilischote
(entkernt, fein gehackt),
3 ganze, gesalzene Erdnüsse,
2 Kochbananen in Scheiben,
4 El Petersilie
(fein gehackt).

Zubereitung

Die Nieren längs halbieren und die Harnstränge großzügig entfernen. Die Nieren in eine Mischung aus Wasser und Damiana-Essig legen. Mindestens 2 Stunden wässern, dabei öfter das Essigwasser wechseln. In einer Pfanne das Öl erhitzen, Kartoffeln, Zwiebelwürfel und Chili andünsten. Nach etwa 19 Minuten die abgetupften Nieren dazugeben. Etwas Wasser angießen und weitere 15 Minuten dünsten. Danach die Bananenscheiben und die Erdnüsse dazugeben weiter durchziehen lassen und mit etwas Essig abschmecken. Mit Petersilie bestreut in der Pfanne servieren.

Wellness-Essig für Körper und Seele

Das Essig-Horoskop

Jeder Mensch hat seine Eigenheit, seine Vorlieben für bestimmte Dinge und damit verbunden, seine „Ansprache" auf Einflüsse von Außen. Genauso wie ein wundervoll komponiertes Parfüm sich an verschiedenen Menschen unterschiedlich entfaltet, gibt es auch bei den Essigen typgemäße Kreationen.

Guten Appetit!

Die Tierkreiszeichen mit kulinarischer Würze

Widder
21.3. – 20.4.

Wenn Sie Geburtstag feiern, steigen die Säfte in Fauna und Flora. Ihre Aszendenten sind Riesling-Essig und Dornfelder-Essig. Der Riesling verfeinert Ihre Fischsaucen und Marinaden. Er gibt dem frischen Rettich und den knackigen Radieschen Pfiff. Der Dornfelder verzaubert den Sauerbraten, die frischen Blattsalate und gibt den dunklen Saucen den letzten Kick.

Stier
21.4. – 20.5.

Laue Lüfte und frühsommerliche Düfte begleiten Sie. Ihr Aszendent ist ein Weinessig mit dem Aroma frisch gepflückter Wildrosen. Sie ziehen neue Kraft aus feinen Pasteten, bunten Blütensalaten und taufrisch gestochenen Spargeln.

Zwillinge
21.5. – 21.6.

Der Sommer ist Ihre Jahreszeit. Leichtigkeit Ihr Stil. Ihr Aszendent ist der Vierräuber Balsam Essig. Sie erfreuen sich in der Sommerfrische an frischen Tomaten, an gegrillten Scampis, Tintenfischen und köstlichen Fischsuppen.

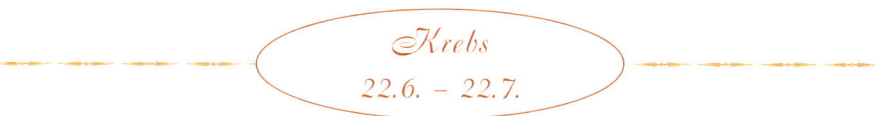
Krebs
22.6. – 22.7.

Der Hochsommer naht mit großen Schritten, verbunden damit: Ihre Hochstimmung. Ihr Aszendent ist der Essig vom Gewürztraminer. Ein kühles Carpaccio, aromatisiert mit einem Hauch der edlen Traube und eine leckere Pastete unterstützen Sie dabei.

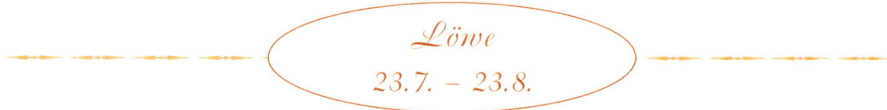
Löwe
23.7. – 23.8.

Der König der Tiere strahlt seine Kraft auf Sie aus. Diese Kraft geben Sie auch gerne an Ihre Freunde weiter. Auch kulinarisch. Ihr Aszendent ist der Essig aus wilden Brombeeren. Sie zeigen Ihr „kulinarisches Löwenherz" mit Kreationen von Tauben, Enten, köstlichem Rapunzelsalat oder einem lauwarmen Pilzragout. Mit dem Aroma der wilden Brombeere.

Jungfrau
24.8. – 23.9.

Spätsommer, oder schon Frühherbst? Sie partizipieren am jahreszeitlichen Übergang. Ihr Aszendent ist das zarte Kräutchen Estragon, transportiert von einem ebenso zarten Essig. Er besticht mit seinem Aroma bei Rahmsuppen und hellen Sahnesaucen. Er unterstützt Ihren angeborenen Charme bei phantasievollen Chicorée- und Kopfsalaten.

Wellness-Essig für Körper und Seele

Waage
24.9. – 23.10.

Ausgewogenheit/Balance steht in Ihrem Sternzeichen. Ihr Aszendent ist der Essig aus weißem Burgunder. Schon als Wein zeigt er seine kulinarische Stärke. Mit dem damit veredelten Essig gewinnen Sie bei der Zubereitung von weißen Saucen, Mayonnaisen, Meerrettichsaucen und Sülzen.

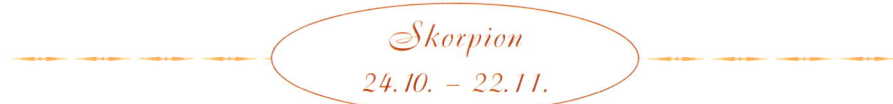

Skorpion
24.10. – 22.11.

Wer „wider den Stachel löckt..." kommt bei Ihnen schlecht an. Ihr Aszendent ist der Essig mit dem Holunder-Aroma. Spätherbstlich-kräftig lockt er zu Rotkraut, Wild- und Lammsaucen, paßt aber auch zu frischen Pilzen.

Schütze
23.11. – 21.12.

Ihre inneren Gefühle wechseln von Kühl (jahreszeitenbedingt) zu Heiß (temperamentbedingt). Ihr Ziel behalten Sie aber immer im Auge. Ihr Aszendent ist der Spätburgunder Eiswein-Essig. Dazu munden ein Feldsalat mit feinen Speckstreifen oder eine Krebssuppe.

Steinbock
21.01. – 19.02.

Weihnachten und der neue Jahresbeginn bestimmen Ihre Gefühle. Besonnenheit und Besinnlichkeit ist Ihre Maxime. Ihr Aszendent besteht aus einer Liaison von Gewürztraminer- und Salbei-Essig. Genießen Sie dies vielleicht einmal mit einem gefüllten Kartoffelpuffer mit Sauerkraut und Blutwurst an einer Vinaigrette.

Wassermann
21.01. – 19.02.

Unstet, immer auf der Suche nach neuen Erfahrungen, aber unbedingter Genußmensch in allen Bereichen. Ihr Aszendent ist der Essig mit Eukalyptushonig. Er ist ein idealer, geschmacklicher Kontrapunkt zu Kaviar, Lachs, Morcheln, Sellerie und Marzipan.

Fische
20.02. – 20.03.

Der Fisch schwimmt öfter mal gegen den Strom. Nur dann gelangt er zur Quelle. Ihr Aszendent ist der Essig mit Kaffeeeblütenhonig. Als dezenter Aromatiseur zu Mokka, Kaffee, Trüffel, Lamm, aber auch Wels und Karpfen, hilft er über manche Stromschnellen hinweg.

Register der verschiedenen Essigsorten

Aceto Balsamico, 25
Apfelessig, 80, 97

Bade Heilessig, 124
Balsam of Roses Essig, 49, 96
Brennesselessig, 106
Brombeere-Essig, 133

Damiana-Essig, 131
Dornfelder-Essig, 132

Estragon-Essig, 133
Eukalyptushonig-Essig, 135

Funilla Vanilleessig, 53, 85, 109

Gewürztraminer-Essig, 133, 135
Giaccomo Casanova-Essig, 26, 40, 57, 91
Ginseng-Essig, 20, 101

Heilpflanzen Essig, 24, 126, 127
Himbeeressig, 36
Hochzeitsbalsam-Essig, 25, 64, 93
Holunderblütenessig, 56, 134

I
Inhalationsessig, 128

J
Jasminblütenessig, 37, 105

K
Kaffeeblütenhonigessig, 52, 135
Kornblumenblütenessig, 81
Kräuteressig, 17

L
Liselottenessig, 59
Löwenzahnessig, 67

O
Orangenblütenessig, 19, 51, 65, 77, 83, 89, 99, 115

P
Portugieser Essig mit Kastanienhonig, 92

R
Riesling-Essig, 43, 132

S
Salbei-Essig, 135
Spätburgunder-Essig, 33, 41, 75, 134

T
Thymianessig, 73
Tränen der Kleopatra Essig, 61

V
Vanille-Essig, 45, 69
Vierräuber Balsam Essig, 14, 35, 51, 76, 107, 133

W
Weinessig, 15, 120, 121, 124, 132
Weißer Burgunder-Essig, 134

Register der Essig-Rezepte

Suppen und Vorspeisen

B

"Bon Bon" von Kaninchen mit Dinkel-Lauchsalat
in Jasminblütenessig, **105**

Bunte Blattsalate an Vierräuber Balsam Essig Vinaigrette
mit Kaninchenfilets und Rucolapesto, **76**

D

Dreierlei Paprika und Artischocken
in Orangenblütenessig mit Oliven-Kapern-Tapenade, **51**

E

Entenleber-Parfait im Baumkuchenmantel
an Blattsalaten mit Giacomo-Casanova-Essig, **40**

F

Feldsalat in Apfelessig-Vinaigrette
mit Rote Beete und Apfelstreifen, **80**

G

Geschmorter grüner Spargel mit
Jakobsmuscheln und gebratenem Bauernspeck
an Balsam of Roses-Essig-Sabayon, **96**

Getrüffeltes Selleriepüree und Kartoffelstäbchen,
dazu Schalottenconfit mit Kaffeeblütenhonigessig, **52**

Klare Apfelessig-Suppe mit
Kalbsriesknödel, **97**

Oper von Hummer und Steinbutt
auf Gemüsespaghettinos an Orangenessignage, **65**

Pfälzer Mozartkugeln mit Spätburgunder-Essig
auf Lauch, **75**

Pot au feu von Eußerthaler Rauchforelle mit Flußkrebsen
und Morcheln, **81**

Salat vom Kaninchen und Artischocken
mit Gemüsevinaigrette und Casanova-Essig, **57**

Sorbet vom Vanille Essig im Nest von Salatspitzen, **69**

Sülze von Taube und Gänsetopfleber
mit Vierräuber Balsam Essig und Rucolasalat, **35**

Register der Essig-Rezepte

Fischgerichte

G
Gebratenes Kaiserbarschfilet auf Rahmlauch
und Riesling-Essig-Schaum, **43**

Gefüllter Tintenfisch an Thymianessig-Sauce, **73**

Gegrilltes Rotbarbenfilet mit Pesto
von gelben Paprika an Frühlingssalat mit
Orangenblütenessig-Vinaigrette, **89**

M
Medaillon vom Zander mit Meerretich gratiniert
auf glacierter Rote Beete in Himbeeressig, **36**

R
Röllchen vom Welsfilet auf sautierten Radieschen
an Brennesselessig-Koriandersauce, **106**

S
Steinbutt unter der Pinienkernkruste
auf Rote Beete Carpaccio mit Liselottenessig und
Kartoffelschaum, **59**

Hauptgerichte

E
Eingelegter Kaninchenrücken in Vierräuber
Balsam Essig-Sauce, **14**

Essig-Tagliatelle mit grünem Spargel in
Wildrosenblüten-Vinaigrette, **49**

Geschmorte Nieren mit Kochbananen
an Damiana-Essig, **131**

Halbe Landente aus dem Ofen auf
Orangenblütenessig-Sauce, **83**

Heimischer Lammrücken auf gebratenen Mixed Pickels
mit Löwenzahnessig-Sauce, **67**

Lammcarré an Provence-Tomaten, **41**

Lammrücken im Brickteig in Spätburgunder-Essig-Jus
mit Saubohnen in Rahm, **33**

R

Rehrücken im Wirsingmantel mit glacierten roten
Zwiebeln und Apfel-Kartoffel-Gratin, **92**

Sauerbraten vom Kaninchen in Orangenblütenessig
geschmort mit Chicoree und Ziegenkäse Quiche, **99**

Steak vom Straußenfilet auf sautiertem Gemüse und
Vierräuber-Essig-Jus, **107**

Z

Zweierlei von der „Ente von Heidelberg" mit
Holunderblütenessig-Rotkraut und Apfeltörtchen, **56**

Register der Essig-Rezepte

Desserts

Auflauf von Pfälzer Ziegenkäse mit Jasminblütenessig und eingelegten Weichseln, **37**

Funilla Vanilleessig-Eis mit glacierten Dampfnudeln, **109**

In Gewürztraminer pochierte Wiliamsbirne an Funilla-Essig-Sabayon, **85**

Nougat-Eisparfait mit Vanille Essig an Amaretto-Sabayone, **45**

Orangen-Ingwercreme auf Mohnsablé an Orangenessig-Sorbet, **77**

Parfait von Weinbrand mit Früchten und Sabayone von Hochzeitsbalsam-Essig, **93**

Tarte von Créme brûlée mit Ginseng-Essig, Rosmarineis und Schokoladen-Ingwer-Mousse, **101**

Topfenmousse mit marinierten Erdbeeren
an Tränen der Kleopatra, **61**

V

Vermählung von Rotem und Weißem Burgunder
auf Gelee von Hochzeitsbalsam-Essig, **64**

W

Weißes Schokoladenmousse im Baumkuchenmantel
mit eingelegten Himbeeren und Eis, **53**

Cocktails und Saucen

K

Knoblauch-Sauce mit Heilpflanzenessig, **24**

L

Liebes-Cocktail „Orange Comfort", **19**

O

Opas Knoblauch-Sauce, **24**

Die Deutsche Bibliothek – CIP-Einheitsaufnahme
Essig – Sinnlichkeit und Leidenschaft / Georg Heinrich Wiedemann.
Fotografiert von Achim Käflein. – Umschau Buchverlag, 2002
ISBN 3-8295-6422-8

© 2002 Umschau Buchverlag Breidenstein GmbH, Frankfurt/Main

Alle Rechte der Verbreitung in deutscher Sprache, auch durch
Film, Funk, Fernsehen, fotomechanische Wiedergabe,
Tonträger jeder Art, auszugsweise Nachdruck oder Einspeicherung
und Rückgewinnung in Datenverarbeitungsanlagen aller Art,
sind vorbehalten.

Die Ratschläge in diesem Buch sind von Autor und Verlag sorgfältig
erwogen und geprüft worden, dennoch kann eine Garantie nicht
übernommen werden. Eine Haftung des Autors und des Verlags für
Personen-, Sach- und Vermögensschäden ist ausgeschlossen.

Gestaltung und Satz: juhu media, Susanne Dölz, Bad Vilbel
Reproduktionen: Lithotronic, Frankfurt
Druck und Bindung: Grafo, Bilbao
Printed in Spain

ISBN 3-8295-6422-8

Besuchen Sie uns im Internet: www.umschau-buchverlag.de